阿里巴巴销售课

戚风———著

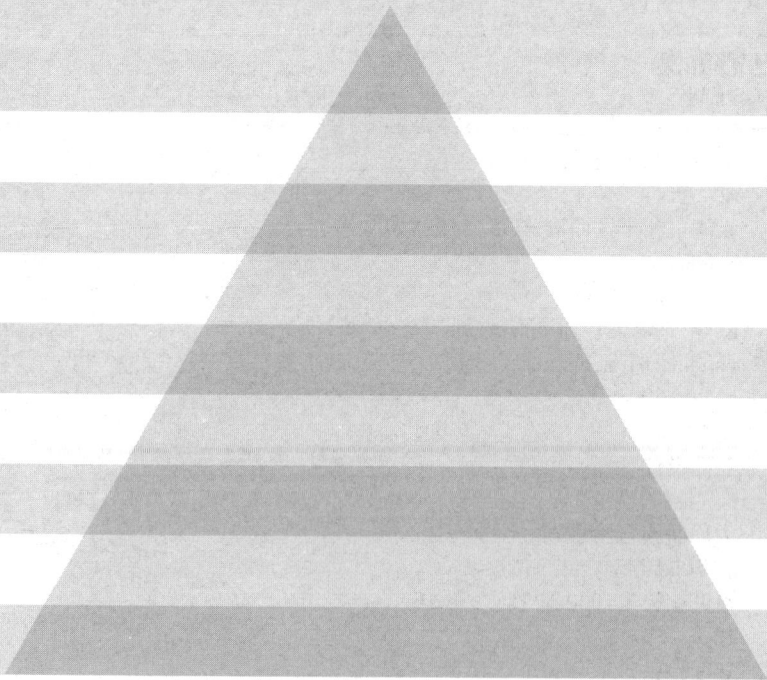

天津出版传媒集团

天津人民出版社

图书在版编目（CIP）数据

阿里巴巴销售课 / 戚风著 . -- 天津：天津人民出
版社，2020.8
ISBN 978-7-201-16034-4

Ⅰ . ①阿… Ⅱ . ①戚… Ⅲ . ①电子商务－商业企业管
理－销售管理－经验－中国 Ⅳ . ① F724.6

中国版本图书馆 CIP 数据核字（2020）第 094465 号

阿里巴巴销售课
ALIBABA XIAOSHOUKE

出　　版	天津人民出版社
出 版 人	刘　庆
地　　址	天津市和平区西康路 35 号康岳大厦
邮政编码	300051
邮购电话	（022）23332469
网　　址	http://www.tjrmcbs.com
电子邮箱	reader@tjrmcbs.com
责任编辑	王昊静
装帧设计	尧丽设计
印　　刷	大厂回族自治县彩虹印刷有限公司
经　　销	新华书店
开　　本	710 毫米 ×1000 毫米　　1/16
印　　张	13
字　　数	166 千字
版次印次	2020 年 8 月第 1 版　　2020 年 8 月第 1 次印刷
定　　价	49.80 元

提起阿里巴巴，我们总会想到马云、张勇、蔡崇信等人，这些名字如雷贯耳，经常出现在新闻上。除了这些人以外，阿里巴巴还有一些重要的人，他们被称为马云麾下战斗力最强悍的子弟兵，他们就是阿里巴巴的销售团队——中供铁军。

1999年，以马云为首的18个人，在杭州湖畔花园16幢1单元202室里共同创立了阿里巴巴，拉开了中国电子商务市场大变革的序幕。早期的阿里巴巴业务很少，其中一个是"中国供应商"，主要经营外贸生意，开发国外客人，拓展海外市场，这是阿里巴巴的重要收入来源。负责中国供应商业务的销售团队后来就被称为"中供铁军"。

当时的阿里巴巴仍处于起步阶段，跟同行相比，并没有太大的优势，甚至还曾因为决策失误而一度陷入险境。很长一段时间内，"中供铁军"团队都被称为"现金奶牛"，他们创造的销售利润哺育了阿里集团后来的新兴业务。可以说，没有当初的"中供铁军"，就没有如今的阿里巴巴。

"中供铁军"是一支充满了神奇色彩的队伍。马云、彭蕾、戴珊、蒋芳、陆兆禧等人是阿里巴巴的创业元老，都曾在中供铁军里历练过。这只队伍不仅为阿里巴巴的成长做出了不可磨灭的贡献，还为中国的互联网市场培育了一大批优秀的CEO（首席执行官）和高管：例如，曾出任淘课网董事长的关明生，滴滴出行的创始人程维，美团前COO（首席运营官）干嘉伟，同程旅游联合创始人吴志祥，猩便利创始人吕广渝，去哪儿网总裁张强，易到用车COO冯全林等。有人戏称，"中供铁军"拿下了中国互联网企业的半壁江山。

阿里巴巴的销售，最初和别人并没有什么不同，实际上大部分人都没有MBA（工商管理硕士）背景，甚至没有接受过专门的商务培训。因为阿里巴巴并不是一家只看重学历的公司，相比之下，他们更看重实际效果。为了提升实战能力，阿里巴巴专门制定了相应的销售课程，让每一个进入阿里巴巴的员工都能接受全方位的锻炼，成为一名优秀的销售。

阿里巴巴的销售培训课程，首先是培训价值观，其次才是销售技巧。和普通公司相比，阿里巴巴对价值观的重视简直超乎想象，从"独孤九剑"到"六脉神剑"，再到现在的"新六脉神剑"，阿里巴巴从未放松过对精神力量的培养。

中供铁军就像一把锋利的宝剑，为阿里巴巴的前进披荆斩棘，保驾护航。阿里巴巴旗下最剽悍，最具战斗力的销售团队，非中供铁军莫属！2008年，在阿里巴巴举办的一次集团内部会议上，马云对现场的人说："在座所有的人，你们是阿里巴巴的铁军。你们都有创新精神、艰苦精神、勇往直前的精神，你们所到之处都代表了阿里巴巴的精神。"

如今，"中供铁军"的销售管理体系已经成为一个典范，被众多互联网公司竞相模仿。本书对阿里铁军的销售技巧进行了总结，同时以阿里销售培训课程为依据，深度挖掘阿里"铁军"的销售技巧，以为众多有志于从事销售行业的读者朋友们提供参考。希望大家在读完之后，能够有所收获。

目 录
CONTENTS

第五章

说卖点：提炼产品的核心竞争力

第六章

促签单：掌控谈判进程，当场就签约

第九章
数据化管理，完成销售升级迭代

附　录

1999年，阿里巴巴在杭州的一间公寓中正式成立，随后跌跌撞撞地走过了一段坎坷的路程。与阿里巴巴共同前进的，是一支被称作阿里"铁军"的销售团队，它的名字是阿里巴巴中国供应商直销团队。接下来，就让我们从全局出发，看看阿里巴巴的销售"铁军"究竟有什么独特的思维。

—— • 第一章 • ——

认知升级，建立销售
全局思维

Alibaba

Sales Class

用价值型销售赢取订单

销售是一项特殊的工作，它可以让一个目不识丁的人快速赚到人生的第一桶金，也能让高学历的人铩羽而归。说到底，销售是一门研究人的学问，仅凭教科书上的知识是无法获得成功的。要想成为Top Sales（顶级销售员），必须明白销售的真实价值。

地推中走出来的"中供铁军"

1999年，以马云为首的18个人聚集在杭州的湖畔花园公寓内，创立了阿里巴巴。第二年，阿里巴巴集团从软银等数家投资机构融资2000万美元。在当时，这是一笔不小的数目。然而，很快互联网寒冬来了，阿里巴巴的经营也陷入了困境。为了走出困境，马云决定采取开源节流、双向出击的策略：一方面撤站裁员，收缩经营，控制成本；另一方面推出项目产品——中国供应商，并且积极销售，努力提高市场份额。

阿里巴巴决定采取地推销售，用销售员上门拜访的方式，推广阿里巴巴的产品。许多销售员白天背着公文包走街串巷，四处拜访，晚上回到出租屋，两毛钱打一壶热水，一半泡脚，一半泡面。

一家互联网公司，竟然放弃线上推广，选择地面推广的直销模式，这种做法看起来相当笨拙，让很多人难以理解。但是在当时的情况下，这个决定是非常明智的。当时互联网正处于起步阶段，很多企业老板甚至没有电脑，地推就成了唯一的选择。

虽然销售方式十分陈旧，但是他们依然体现了自身的价值。2001年以后，在这些销售员的努力下，阿里的业绩飞速增长，走出了互联网的寒冬，并且成功孵化出淘宝、支付宝等家喻户晓的产品。这为他们赢得了一个称号——"中供铁军"。

为何"中供铁军"能够用如此传统的销售方式获得巨大的成就？其实很简单，因为"中供铁军"准确地把握住了销售的本质，并且充分发挥了自己的价值。

交易型销售VS价值型销售

何谓交易型销售？大多数人对销售工作的理解，仍然停留在买卖货物的阶段，他们评价销售能力的标准，是售出的产品数量和金额，这就是传统的交易型销售思维。

何谓价值型销售？要弄懂这个问题，我们得了解销售的本质。销售活动从本质上来说就是一种交换活动，买卖双方努力满足对方的需求。例如，客户愿意花500元买一件衣服，是因为他有穿衣的需求。价值型销售，就是通过交换活动，尽可能多地为客户创造价值，让客户心甘情愿地购买。

交易型销售的缺点十分明显，它容易使销售员忽略客户的需求，只把工作的重心放在金钱上，这样很容易走弯路。在市场的大浪潮中，交易型销售很难准确感知客户的心理，当客户需求发生变化时，他们仍在被动地等待变化，很快就会陷入经营困境。在现实生活中，我们经常见到这种现象。

交易型销售	VS	价值型销售
将交易额放在第一位；组织松散，群狼战术；容易忽略客户需求。		追求为客户创造价值；组织严密，团体作战；主动寻找新的价值点。

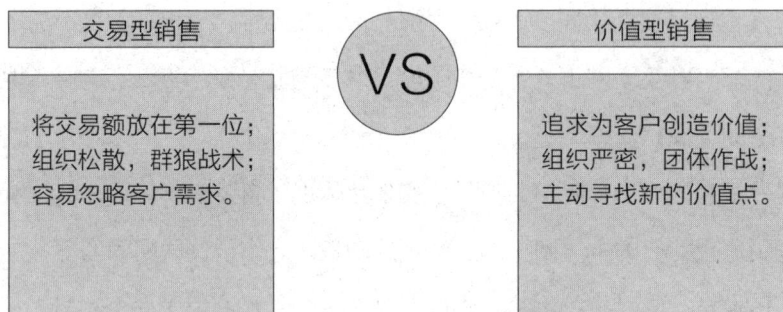

图1-1　交易型销售VS价值型销售

销售就是一场关于客户价值的工作，价值型销售会主动出击，拨开层层迷雾，找到客户未曾发现的价值。乔布斯曾说："消费者并不知道自己需要什么，当我们拿出自己的产品时，他们就发现'这是我需要的东西'。"这就是价值型销售的魅力。中供铁军是价值型销售的典范，他们的成功并非建立在偶然之上，而是把握住了经济规律的结果。在中国互联网市场大发展的前夜，他们预先感知到了客户的新需求，从而获得了成功。

要想赚钱，先让客户赚钱

销售最大的挑战就是如何为客户创造价值，如果能够真正做到为客户创造价值，客户就会打开大门欢迎你。阿里巴巴从成立之初，就已经被注入了这种基因。马云曾说："我们坚持的客户第一，就是要为社会创造价值，服务客户。"这成为阿里铁军的军规，所有销售必须牢牢记在心里。

把赚钱当成唯一目标，就一定会输

销售铁军取得了令无数同行羡慕不已的成绩，但是在他们看来，阿里巴巴最了不起的并不是一年年刷新纪录的销售业绩，而是为社会提供了一种崭新的商业模式。虽然网络购物不是阿里巴巴的独创，但是阿里巴巴是把网络购物推向高潮的重要力量。

马云对员工的要求是：不要盯着客户口袋里的5元钱，如果直接拿走，客户可能就完了，要先帮客户把口袋里的5元钱变成50元钱，然后再从中拿出5元钱。绝不能把赚钱当成唯一目标，否则一定会输。因此，阿里巴巴的首要任务不是赚钱，而是为更多的客户提供服务。

从销售的角度来说，这个道理同样成立。要想让客户信任你，最有效的方法就是互利，客户在你这里消费，你也要让他享受到相应的服务。

很多人羡慕"三年不开单，开单吃三年"的盈利模式，认为其中的利润空间很大，其实这是一种比较原始的模式。如果只跟客户做一次性交易，这样的销售就很难提升自己。那么销售员应该怎样做呢？更有效的办法就是让客户对销售员提供的服务产生依赖，从而成为长期客户。例如，销售员向客户推销了一件羽绒服，客户感到很满意，接下来就可以继续向客户推荐衬衣、裤子等搭配产品，把一单生意扩散成无数单的生意。

为客户创造价值，占领客户心智阶梯

心智阶梯就是指为方便购买，消费者会在心里对品牌进行排序，然后优先选择排名最靠前的品牌。客户同样会在心中对销售进行排序，形成一个心智阶梯。当销售员通过自己的服务击败了所有对手，他就能占据客户心智阶梯的第一位。这是快速拉近客户关系的一大绝招。

客户在跟销售员打交道的时候，都会在心里告诉自己："天下乌鸦一般黑，这个销售也是来赚我钱的。"所以客户通常都会对销售充满戒心，这会给销售员的工作带来很大的阻碍。试问，你如何说服一个对你早有戒心的人呢？

为客户创造价值就绕过了这个逻辑陷阱，产品能够为客户带来价值，销售

同样可以。很多时候，客户出于对销售员的信任，会毫不犹豫地选择他们推荐的产品，这是因为销售员能够准确地了解客户的需求，为客户提供他们最需要的价值。

为了准确了解客户的需求，销售员必须对消费者进行深入研究，不仅要重视客户的物质价值需求，还要关注客户的精神价值需求。对于客户来说，物质价值和精神价值都很重要。例如，在向客户推销产品的时候，销售员可以详细介绍与产品相关的小知识，让客户对产品有更深刻的理解，从而获得完美的购物体验，这就是销售存在的意义。如果销售员能够做到这些，就会牢牢占据客户的心智阶梯。

没有企业文化，就没有销售铁军

价值观是企业文化的核心内容，也是企业成功的基石。如果没有清晰、明确的价值观做指导，企业的发展就很容易陷入不确定中。销售员也应当用公司统一的价值观来要求自己，用自己的实际行动践行企业价值观和企业精神。

阿里巴巴的使命感

企业文化是企业管理学中的重要一环，它是企业在生产经营的过程中逐步形成的使命、愿景、宗旨、精神、价值观和经营理念等，为全体员工所认同并遵守。企业要想长远发展，就必须重视企业文化的作用，因为它是维系员工向心力的重要工具。如今，很多企业已经认识到了这个问题，企业文化建设也已成为企业管理必不可少的内容。

阿里巴巴一开始就有了清晰的企业文化。1995年，马云在机缘巧合之下接触到了互联网技术，对它十分感兴趣，于是创建了杭州海博网络公司，网站取名为"中国黄页"，成为中国最早的互联网公司之一。

马云对产品的定位很清楚，就是要发展中国的信息高速公路，把中国的经济、贸易、工业、文化等信息介绍给世界。他和其他员工一样，四处推销产品，尽管经常碰壁，但是他仍然坚信可以做出比美国人更好的东西来。

一百多年前，GE（通用电气）公司提出了一个伟大的使命——让天下亮起来。马云从中领悟到，建立一家公司，必须要有很强的使命感，因此阿里巴巴经过内部讨论之后，确定了一个使命——让天下没有难做的生意。

从"独孤九剑"到"六脉神剑"

2001年，关明生的加入，让阿里巴巴的企业文化建设走上快车道。关明生向马云建议，把公司的使命、目标和价值观等写在纸上，用文字记录下来。

马云又叫来了彭蕾、金建杭、吴炯，加上关明生，5个人一起将自己心中的使命、目标和价值观等全部写了下来，贴满了整整一面墙，最后精简成为九条，分别是：创新、激情、开放、教学相长、群策群力、质量、专注、服务与尊重、简易。由于马云痴迷武侠文化，于是大家便取了"独孤九剑"这个名字。

这套价值观总结出来以后，阿里巴巴在全国各地的公司墙上都贴上了"独孤九剑"，这成为阿里人的行为准则。在统一思想的指导下，阿里巴巴拥有了一个良好的工作氛围。

但是随着团队的扩张，"独孤九剑"的弱点也随之暴露出来，邓康明等人认为，"独孤九剑"稍显臃肿、复杂，不利于大面积推广。于是，大家将原来的九条精简为六条，称为"六脉神剑"。

"六脉神剑"包括：客户第一、团队合作、拥抱变化、诚信、激情、敬业。这套价值观出现之后，一直被阿里巴巴沿用，在阿里巴巴的发展过程中起到了巨大的作用。

2019年9月10日，在公司成立20周年之际，阿里巴巴公布了"新六脉神剑"，这是阿里巴巴价值观在原有的"六脉神剑"的基础上的再一次升级。

该六个价值观分别为：（1）客户第一，员工第二，股东第三；（2）因为信任，所以简单；（3）唯一不变的是变化；（4）今天最好的表现是明天最低的要求；（5）此时此刻，非我莫属；（6）认真生活，快乐工作。

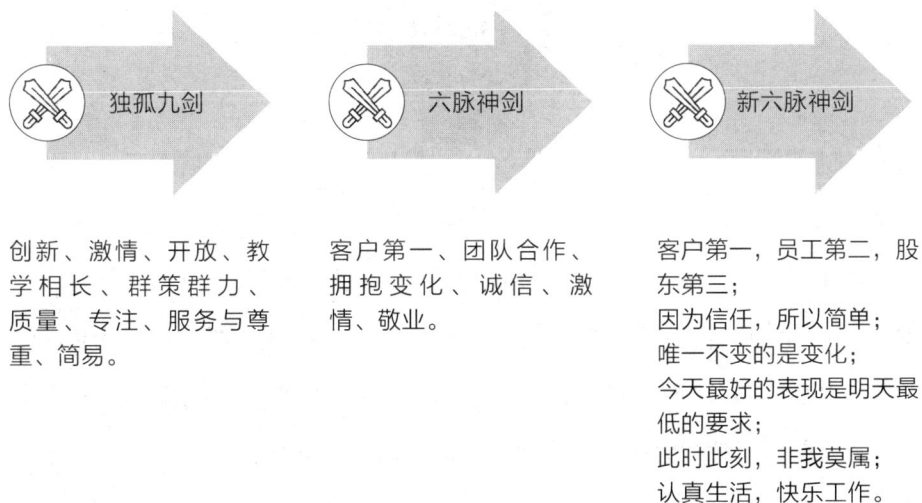

独孤九剑	六脉神剑	新六脉神剑
创新、激情、开放、教学相长、群策群力、质量、专注、服务与尊重、简易。	客户第一、团队合作、拥抱变化、诚信、激情、敬业。	客户第一，员工第二，股东第三； 因为信任，所以简单； 唯一不变的是变化； 今天最好的表现是明天最低的要求； 此时此刻，非我莫属； 认真生活，快乐工作。

图1-2　阿里巴巴价值观的变化

把价值观纳入销售人才培训体系

马云有一句格言："有一样东西不能讨价还价，那就是企业文化、使命感和价值观！"

在阿里巴巴，价值观不仅是一种道德观念，还是一种游戏规则。阿里巴巴对企业文化的重视，并不只是停留在道德观念上，还把它纳入人才培训体系中，真正落到实处。

阿里巴巴的培训体系包含三个部分，分别是培训新员工的"百年大计"、培训干部的"百年阿里"，以及培训客户的"百年诚信"。

图1-3　阿里巴巴培训体系的三大部分

　　在中供铁军，每一位新加入的销售成员，都要进入"百年大计"接受新生培训。公司的高层几乎全部参与授课，例如马云和关明生讲公司的使命感和价值观，孙彤宇和李旭辉讲销售技巧，而彭蕾则主要讲述公司的发展史。马云认为，对价值观的教育极其重要，甚至与销售技巧课不相上下。

爱商是销售成功的关键

销售不仅是一门技术，还是一门艺术。在和客户打交道的过程中，销售需要用尽浑身解数，才能取得理想的效果。事实证明，爱商较高的人，更容易成为一名销售高手。

要想成功，必须具备情商、智商和爱商

以往在讨论成功时，人们都会提到情商、智商的重要性：情商高，就能揣摩别人的心理，改善人际关系；智商高，就能做出正确的选择，提升个人能力。而在互联网时代，爱商则成为又一项极为重要的要素。

爱商高的人，大都阳光自信，快乐大方，感恩别人的爱，也更加懂得爱别人。

爱是人类的一种本能，但是爱商的高低并不相同，我们要对它进行培养。它需要正确的人生观和成长的智慧，它包括你对事件、社会及人物的洞察力，对主动性的把握，在相处中的协调性，在爱方面的认知指数等。

·爱商
了解爱、接受爱、
表达爱。

·情商
情绪、意志、耐受
挫折等品质。

·智商
衡量个人智力高低的标准。

图1-4　情商、智商和爱商

阿里巴巴极为重视爱商，甚至将其看作是互联网时代的决胜点。马云认为，在未来，人工智能会将理性思维发挥到极致，人类要不想被淘汰，就必须充分利用自身的感性，在竞争中保持优势。阿里巴巴销售课的核心，就是对情商、智商和爱商进行全面教育，让销售员成为一个完满的人。

做销售，爱商最重要

销售的门槛很低，任何人都有机会成为一名销售员，但是要想成为一名成功的销售员，却没有那么简单。

许多人认为，销售最重要的是口才，在客户面前口若悬河、滔滔不绝，就是优秀的销售。然而这只是外行人的看法，真正的销售高手并不是以口才取胜的，他们是凭借自己对客户的理解获得订单的，也就是爱商。

在未来的世界里，商业竞争中的一个重要因素就是用户体验。只有当销售具备极高的爱商时，才能准确地把握用户体验。试想一下，一个活在自己的世界里，从来不关心客户的销售，又如何能够感知客户的心理变化呢？

做销售口才很重要，但是爱商更重要。所以阿里巴巴从创业之初，就把目

光紧紧地锁定在客户身上，为客户提供优质服务，让天下没有难做的生意。有
了这种积极的心态，才会有极高的爱商，才能俘获客户的心。

缺乏爱商的三种性格特征

1. 自视甚高型

心高气傲的人是不适合做销售的，销售一定要有谦虚的心态，绝对不可以
瞧不起客户。我们经常遇到这样的事情：一名销售员嫌弃客户衣服破烂，就表
现得不耐烦、焦躁易怒，结果惹恼了客户，丢掉了订单。这种类型的人缺乏耐
心和理解，很难赢得客户的信赖。

2. 自怨自艾型

做销售一定要有包容心，无论何时都要保持积极乐观的心态。有的人心理
太敏感，客户的一句话、一个动作，都会对他的情绪产生极大的影响，这样只
会给自己的爱商减分。

3. 自我沉醉型

销售要眼观六路，耳听八方，随时注意客户的动态，不能以自我为中心，
对外部事物不感兴趣。这种性格的人很难成为一名优秀的销售，因为他们会错
失很多机会。

销售铁军必备的综合素质

如何提升个人实力，成为Top Sales，是困扰着广大销售员的一个难题。实际上，普通销售员和Top Sales并不只是工龄的差距。在通往Top Sales的路途中，Top Sales身上有着常人不具备的素质，例如极其自律、超强的自信心等。

Top Sales所具有的特质

如果你向一位阿里巴巴的员工提问："是什么让阿里巴巴的销售人员与众不同？"你可能会得到一个语焉不详的答案，例如经验丰富、眼界宽广等，但是很少有人能够说出他们的共同特质。

下面我们就来总结一下，看看成为一名Top Sales究竟需要具备哪些特质。

1. 自我驱动力

有的人不需要催促就能自觉地完成任务，并且能够保证工作的质量，但是大多数人都有"拖延症"现象，需要在旁人的监督下才能勉强完成工作。Top Sales就属于前者，他们拥有强大的自我驱动力。

2. 积极的心态

积极、主动的心态是销售不可缺少的。销售是一份压力很大的工作，如果没有积极的心态，就会很容易陷入疲倦状态，给生活和工作带来不利影响。

销售员可以经常鼓励自己，朝着目标不断前进。虽然这种方法很笨拙，但是很有效。经常用积极的话语劝慰自己，可以让自己内心平和，从而有效减少精神压力。

3. 清晰的逻辑思维能力

人们常说，头脑灵活的人更适合做销售。头脑灵活是逻辑思维能力强的一种表现。销售也是一种需要逻辑思维能力的工作，因为在销售的过程中，我们经常会遇到各种突发事件，需要我们保持头脑清醒，才能做出正确的选择。

4. 好奇心

作为一名销售，需要极其强大的交谈能力，无论与谁见面，都能迅速开启话题，获得对方的好感和注意力。这要求我们保持好奇心，对任何领域都有一定的涉猎。

从另一方面来说，好奇心较强的人也更喜欢冒险，同时容易获得好人缘，这些都是销售必不可少的特质。

"铁军"的基因——超强的执行力

熟悉铁军的人都知道，铁军团队有一股豪侠气，豪爽、简单、直接、真实。当他们聚在一起时，总是很少说废话，看到了梦想，就努力去追。

阿里铁军在前进的道路上难免会遇到问题，发现问题并不难，难的是执行力，发现不对立刻改进，这是值得所有人学习的精神。

普通销售员	Top Sales
不分主次、搞不清重点	关心重点客户、重要问题
生搬硬套销售技巧，销售效率不高	因地制宜，灵活应变，最大程度提高效率
不做具体分析，盲目进行拜访	认真查找客户资料，找出精准客户

图1-5 普通销售员和Top Sales的区别

很多人对阿里巴巴的快速发展感到不可思议。其实秘诀很简单，就是超强的执行力。阿里巴巴的执行力非常强悍，给业界留下了极为深刻的印象。

湖畔大学教育长曾鸣说，在阿里巴巴，每三五年就会有一个COO（首席运营官）被干掉。因为制定战略的人是不会错的，战略目标没有达到，肯定是执行的错。

这种精神也被传导到每一位销售员身上，使他们能够有效地执行公司的战略目标。

马云坚持理论和实际相结合，他说："请来的MBA，得让他到一线去干；而企业内部的人，必须送出去学习，这样的体系和制度非常重要。"

　　综上所述，成就铁军的文化基因——超强的执行力、令行禁止的高压线，以及无论付出多大代价，一定坚守诚信第一、客户第一价值观的决心，这些综合素质，成了铁军的灵魂。

乔布斯说："消费者并不知道自己需要什么，直到我们拿出自己的产品，他们就发现，这是我要的东西。"很多时候，客户也不清楚自己的需求究竟是什么。应该如何挖掘客户需求，是每个销售人员都应该用心上的一堂课。

—— · 第二章 · ——

挖需求：多维度思考，了解客户需求

Alibaba

Sales Class

客户需求的五个层次

客户需求是商业活动的根本，也是销售活动必须考虑的因素。很多人总是抱怨市场的大环境不好，把自己失败的原因全部归结于市场需求的下降，却从来没有认真研究过客户有哪些需求。随着互联网的普及，销售必须研究客户的需求，结合自身条件，满足市场真正的需求，方能获得成功。

马斯洛需求层次理论

美国心理学亚伯拉罕·马斯洛曾经提出，人类有五种需求，分别是生理需求、安全需求、社交需求、尊重需求和自我实现需求，这五种需求就像阶梯一样，逐层向上提高。后来人们把这个理论称作"马斯洛需求"。

在市场营销学中，马斯洛需求也得到了深度运用。从这个角度来分析，我们就会知道，客户的购物行为中包含了很多目的，而销售要做的就是尽力满足客户的需求，既包括基础等级的生理需求和安全需求，也包括社交需求、尊重需求和自我实现需求。

图2-1　马斯洛需求理论

客户需求的五个层次

根据马斯洛的需求层次理论，我们也可以把销售过程中的客户需求分成五个层次，从低到高依次是：功能需求、体验需求、社交需求、尊重需求、价值观需求。

1. 功能需求

客户在购物的时候，很大一部分都是为了满足功能需求，包括衣食住行，这些都是人的基本需求。一般的客户都希望买到物美价廉的商品，所以发放购物补贴总是能够吸引一大批客户。特别是生活必需品方面，如果销售员能够集中讲述商品的性价比，就更容易获得成功。

2. 体验需求

除了产品的功能，消费者还会关注产品带来的体验。例如，在购买产品时，人们还会关注产品的售后服务，包括包邮、上门安装、免费调试、退货保障等服务。随着互联网技术的发展，越来越多的商家开始注重提升购物体验。

3. 社交需求

如今，社交需求也成为购物体验之一。客户在享受基本服务的同时，也希望结交拥有相同兴趣的朋友，扩大自己的朋友圈。这可以让客户与朋友共同分享和交换信息、知识、资源、思想、关系、快乐等，获得一定的精神满足感。

4. 尊重需求

"顾客就是上帝"，这要求销售员不仅要为客户提供服务，还要给予客户足够的尊重。

5. 价值观需求

每个人都有自我实现的需求，客户在购物时，同样会有这样的需求。获得价值观上的认可是每一个客户的需求，也是客户最高级的需求。销售员不能只看见客户的产品、服务需求，更重要的是，要能识别和把握客户内在的、高层次的需求，否则不可能赢得巨大的商机。

如何做好客户需求分类

销售做得好不好，关键在于能否发现客户的需求。不要指望客户会为你提供一份详尽的需求表，因为很多时候客户并不知道自己需要什么。销售员应当根据自己的经验，对客户需求进行判断，这将有助于对信息进行分类处理。

客户关心什么

通常，销售人员在开会时，都会从质量、体验、时间、价格等方面进行分析（如图2-2所示），很少会突破这些点的范围。但是在与客户沟通的时候，

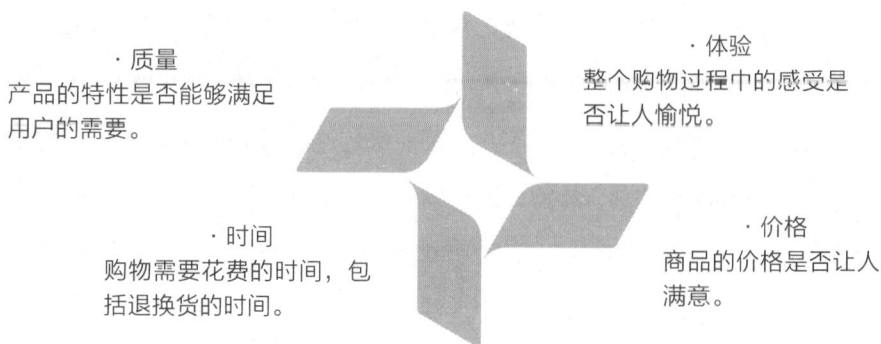

·质量
产品的特性是否能够满足用户的需要。

·体验
整个购物过程中的感受是否让人愉悦。

·时间
购物需要花费的时间，包括退换货的时间。

·价格
商品的价格是否让人满意。

图2-2　销售分析的角度

销售有时会感到费解：客户究竟想要什么？为什么他们总是不满意呢？要弄清楚这些问题，我们就必须知道客户究竟关心什么。

为了方便理解，阿里巴巴的一位管理人员曾经举过一个案例：有一个男人，他的老婆生了孩子，于是他亲自去逛菜市场，要买点水果和补品给老婆补身体。请问他关心的是什么？他很可能会在购买水果的时候精挑细选，或者购买品质最好、价格最高的排骨，但是他真正关心的其实是家里的老婆和孩子。

从这个案例中，我们可以看出，客户的思维十分复杂，给销售工作带来了难度。要想提升销售能力，必须对客户需求进行深入研究。

给客户需求分类的三个步骤

广泛和深入地研究客户的需求，有助于对信息进行分类处理，帮助企业做出正确的决策。不要指望通过发放一份调查表就能读懂客户，你必须对他们的生活习惯进行调研，然后列出一张简洁、完整、逻辑严密的需求清单。

对客户需求进行分类的第一步应当是了解客户的需求。这需要销售员通过各种方法，方能获得全方位的了解，包括仔细观察市场、积极地询问以及认真倾听客户的诉说等。

第二步，销售员应当主动向客户求证，确定这些需求的真实性与客观性。并非所有需求都能完美贴合客户，需要销售员仔细进行甄别。

第三步，建立详细的资料卡，按照基础需求、体验需求、社交需求、尊重需求、价值观需求的五个层次，对客户进行分类。

了解客户需求：认真倾听 积极询问 观察市场

向客户求证：深入交流，确认客户需求 找出关键需求 有效引导需求

客户需求分类：建立详细的资料卡 进行系统化管理

需求分类

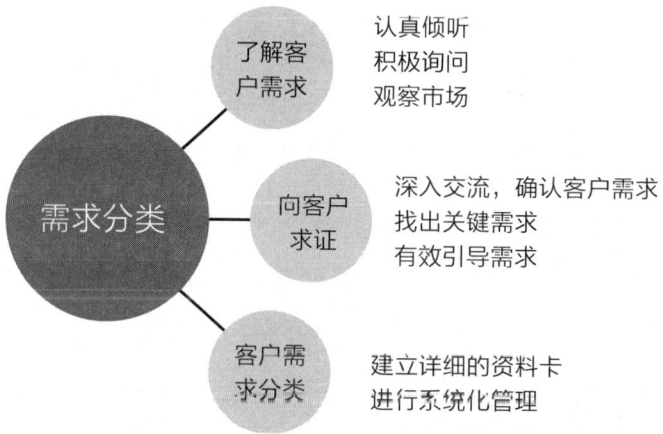

图2-3 客户需求分类步骤

分辨客户的真假需求

分析客户需求是销售工作的核心内容，然而要想做好分析工作并没有那么容易。

日常生活中，销售员试图从各个途径了解客户的需求，但是得到的结果无比复杂，要想得到真正有用的信息，销售员还需要进一步筛选，去伪存真。

你真的知道客户的需求吗

客户需求的判断对销售人员的影响非常大，如果需求判断不准确，会造成后期资源上的浪费或者导致客户的流失。很多人都清楚这一点，但是真正能够做到对客户需求了如指掌的人却很少。

有时候，客户提需求的方式是很粗糙的，他或许直接对你说"我想要××功能"，最终却证明这只是个伪需求罢了。如果仅仅为了讨好客户，而试图去满足客户的伪需求，销售工作就会很快遇到瓶颈。

因此，无论你是通过何种方式得知客户需求的，包括街头调查、请教专家、询问客户等，都要对需求的真假进行辨别。尤其是新入职的销售人员，受到经验的限制，很容易对现实产生误判，错把伪需求当成客户的真正需求。

很多时候，人们往往会受到情绪的影响，误把一时的冲动当成了真需求，但是这样的消费行为注定是无法持久的。因此，除了评估客户需求的合理性、可行性以外，销售人员更重要的工作是对客户需求背后的社会因素和心理进行研究。

判断真假需求的方法

1. 向客户推销时，分析客户消费的基本逻辑

每一笔消费行为的产生，背后都有一套严密的逻辑，也就是基本动机。客户消费大多是为了让自己过得更好、更舒适。因此，在向客户推销产品时，必须辨别真假需求，推荐他们真正需要的东西，这就要对客户的购买动机进行分析：客户的身份是什么？客户在生活中可能需要解决什么问题？可能会面临哪些困难？

举个例子，一个年轻人，戴着眼镜，穿着校服，大概率是个学生，当他来购买英语教材时，如果向他推荐《商务英语》，就是误判了他的真实需求。顺着这个思路往下想，我们还可以列出很多符合学生的购物需求，包括好看、结实、便宜、方便等。从这些角度去推销，自然事半功倍。

2. 当客户主动购买时，纵向挖掘客户的动机

当客户主动来购买商品时，成交会变得容易一些，但是有时也会出现意外情况。要想避免客户中途打消购买的念头，就要思考以下问题：客户要买的产品是什么？买这件产品能够满足客户的哪些需求？如何判定需求的真假？

销售员需要关注的重点不是客户需要什么，而是客户为什么会对你的产品感兴趣。

这是阿里巴巴销售课在不断强调的一个方法，也就是不断询问或思考背后的原因。找到了原因，就找到了动机，正是这个动机推动着客户前来购买产品。

挖掘客户的隐性需求

满足客户的某种需求是销售工作的价值所在，而挖掘客户的需求是销售员能力的分水岭。如果能够满足客户的所有需求，那么你就可以成为一名优秀的销售员。

客户需求分为显性需求和隐性需求。显性需求是一种比较浅显的需求，比方说天冷了，小王觉得自己需要买一件羽绒服，他查询了一下银行卡，发现上个月的工资已经到账了，这时他的资金很充足，于是他就在网上下了订单。对于小王来说，这件羽绒服就是显性需求。显性需求很容易察觉，只要有经验，就肯定能够发现。

相比之下，隐性需求就没有那么容易发现了。隐性需求又可以称作无意识需求、潜在需求，大多从感性方面着手，满足用户的情感。它也是一种刚性需求，只不过它是客户内在的深层次需求，需要深挖才能够看到，需要考验销售员的洞察力。隐性需求是藏在消费者脑海中的需求，他们隐隐约约地知道一点儿，但是当销售员问到的时候，他们却又说不清楚。因此销售员大多关注显性需求，却很少关注隐性需求。然而，隐性需求是客户心中的一种渴望，很多时候它会直接影响客户的购买决定。

显性需求人人都知道，因此围绕着它进行的竞争十分激烈，但是人们对隐性需求的研究还很不充分，大多数销售员都很难把握客户的隐性需求。

很多广告人就很喜欢从隐性需求着手来写文案，例如一些运动类品牌的广告文案：

匹克：I can play!

耐克：Just do it!

安踏：Keep moving!

李宁：一切皆有可能！

这些文案让人眼前一亮，我们会觉得他们写得很好，却又说不出个所以然来，其实原因很简单，他们抓住了热爱运动的客户心中的隐性需求：坚持，不放弃，创造可能。

隐性需求之所以不容易被发现，就是因为它们藏得很深，甚至连客户自己都说不上来，所以销售的工作之一，就是帮助客户找到他们的隐性需求。在实际工作中，销售员可以通过两个步骤来寻找。

1. 获取信息

首先，销售应当获取客户信息，以此为基本条件，深入挖掘潜在需求。传统的线下销售获取客户信息的方式十分有限，但是在互联网时代，销售就有了更多的选择。阿里巴巴作为一家互联网企业，选择的是二者结合的方式：一方面利用网络提取大数据，分析客户群体的总体特征；另一方面，仍然坚持亲自找客户交谈、上街发传单调研的老方法，为的是更加接地气，更全面地了解市场的情况。例如，在前面提到的一个案例中，一个男人在菜市场给正在坐月子的妻子买食物，如果知道了这一层信息，销售员就可以向他推荐酸甜的水果，如橘子、柠檬、葡萄、柚子等，使得交易更容易成交。

2．掌控话题

获取信息之后，销售员应当把交谈的内容引到自己的优势领域，最有效的就是对产品的介绍。销售对产品的优缺点了如指掌，比客户更加专长。例如，在一个商场的护肤品专柜中，销售产品的美容顾问们都有一套标准的聊天话术。她们首先会用甜美的声音向你了解相关的信息："需要购买化妆品吗？"或者是向客户提供信息："××新品了解一下。""化妆品打折啦！"当客户给出肯定的回答后，她们就会把话题拉到自己的优势领域内："您是自己用，还是送朋友？您是想补水、美白，还是紧致？"得到回答之后，销售员会进一步说："您现在在用的护肤品有哪些？我帮您做一下搭配好吗？"

这种对话模式是经过设计的，对客户进行有针对性的提问，可以迅速找出客户的隐性需求。有些客户原本并不知道自己需要哪些产品，但是经过销售员一层一层地分析后，就对产品表现出了强烈的兴趣。

男性客户的消费心理分析

男性客户和女性客户的消费心理有着明显的不同之处，在接待的时候，销售应当用不同的方法来区别对待。男性消费者的特征非常明显，通常有以下几种表现。

理性思维

被动性购买

重视购物体验

重视面子

较少冲动性消费

图2-4 男性客户的消费心理

1. 理性思维

在购物的过程中，男性客户通常比较理性，在进入商场之前，他们就会在心里设置一些严格的条件，告诉自己今天的消费限额是多少，要买什么颜色的商品，什么时候回家等。对于这种理性的思维，阿里巴巴的销售都拥有丰富的经验，用理性说服客户是他们的基本功。他们在向客户介绍产品时，一定会将产品的特点用数据和图表直观地展示出来，与其他产品进行对比，优势一目了然。

2. 被动性购买

和女性相比，男性对逛街购物的积极性不高，他们通常是出于硬性需求才做出购买决定，这种情况我们不妨称之为被动性购买，因为他们是被迫购买的。我们常常看到这样的情况。许多男性顾客在购买商品时，就已经决定了要购买商品的品牌、式样、规格等，如果商品符合他们的要求，就下单付款，否则就放弃。

3. 重视购物体验

人们通常认为女性注重购物体验，其实男性消费者表现得更为明显。男性和女性一起逛街，通常是男性先产生疲倦感，而女性则乐此不疲。男性不喜欢拎着大包小包地不断走路，甚至连多试几件衣服都觉得麻烦。因此，一个良好的消费体验过程是促进男性消费者下单的非常好的途径。如果销售人员在这方面做得不好，应该加强这方面的练习。

4. 重视面子

男性大多拥有强烈的自尊心，所以在购物时，他们会注重产品的品位和档次，甚至高过了对价格的关注。为了满足这种虚荣心，男性客户在购物时喜欢选购高档、有气派的产品，因为忌讳别人说自己购买的商品不够上档次，有时他们会主动上调对价格的预期。根据男性客户普遍具有的这一心理特征，在向他们介绍商品时，销售员要特别强调商品的社交价值。例如，"拿出去倍儿有面子"对中老年男性消费者来说是一句极具杀伤力的销售话术。

5. 较少冲动性消费

除了理性思维以外，也有一些男性客户具有冲动、盲目的消费心理特征，他们通常没有明确的购买目标，而且盲从大众。从经济条件来说，那些在生活中花费较高的客户很容易出现这种心理，他们的实际需求已经得到满足，完全是受到时尚、新鲜感的推动。

女性客户的消费心理分析

　　女性消费者向来是商场消费的主力人群，她们数量庞大，更加具有购物的热情，所以销售员通常需要用更多的时间来研究女性客户的消费心理，阿里巴巴也不例外。

感性思维

主动性购买

更加重视家庭

追求美丽和时尚

自我表现的心理

图2-5　女性客户的消费心理

1. 感性思维

女性客户通常受到个人情感的主导，在购物的过程中表现出感性思维的特征。色彩鲜明的商品广告和包装精致的外观设计很容易引起女性的好感，激起她们强烈的购买欲望，使她们产生消费的冲动。

正是由于感性思维的影响，女性在购物的过程中很容易受到心理暗示，从而做出不理智的决定。比如，一个女孩在朋友圈里看到了一件雪纺裙，她觉得很漂亮，于是向朋友打听在哪里能买到。朋友把店铺的地址告诉了她，并且告诉她这件衣服不怎么样。女孩听了以后，虽然心里感到不服，但还是产生了一点犹豫。

销售员可以在这方面做文章，有经验的销售员都会在女性客户挑选商品的时候，称赞商品多么适合她，或者强调该商品的抢手度，营造出一种供不应求的假象。

女性还经常受到同伴的影响，喜欢购买和他人一模一样的东西，用这种方式来表现两个人的友谊。

2. 主动性购买

和男性相比，女性通常拥有更丰富的购买动机，这通常是因为她们对生活的细节比较关心，例如洗衣、做饭等家务活。加上传统观念的影响，对家庭的衣食住行考虑得比男性多，购买频繁，市场信息掌握得多。在一般家庭中，对日常生活用品、小商品的购买，女性具有较多的发言权和决定权。

3. 更加重视家庭

和男性相比，女性在购物的时候通常更关心家庭成员。马云在一次采访中说："淘宝60%的消费者是女性，但是她们不只是为自己购物，还要给父母买，给丈夫买，给孩子买。"阿里巴巴非常重视女性消费者，并且告诫员工一定要重视女性的思维模式。阿里巴巴的销售在向女性客户推销时，一定不会忘记关心对方的家庭，哪怕只是一句简单的"祝您阖家欢乐"，也能获得不错的效果。

4. 追求美丽和时尚

"爱美之心，人皆有之"对任何年龄段的女人都适用。由于这种心理的作用，女性客户在选择商品的时候，通常都会想到购买的商品能否展现自己的魅力，或者让自己看起来更美丽。

5. 自我表现的心理

女性客户在购买商品时，会仔细观察商品的使用效果，所以她们在逛街的时候总是不厌其烦地在服装店里试衣服，而这是男性客户难以忍受的。女性客户可以在镜子前反复欣赏自己，并且在别人面前炫耀。也正因为如此，女性通常很重视产品的外观和包装，甚至是商店的音乐、灯光和香薰，这些都会对她的观察产生影响。

销售计划和目标分解是每个企业的销售部门都要做的，阿里巴巴也不例外。阿里巴巴的销售将这一个步骤称作定目标，销售部门需要制定年度、季度、月度的销售目标，并将任务分解到天。

—— · 第三章 · ——

定目标：分解销售任务和计划

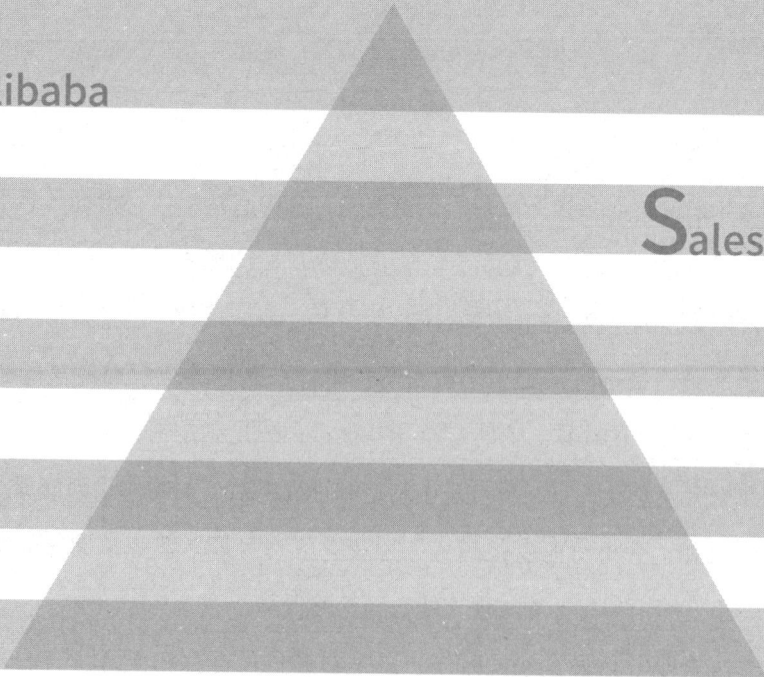

Alibaba

Sales Class

做好计划，方能事半功倍

我们在做任何事之前，都应该制定一个可实现的目标。对于销售工作来说，这个工作方法同样十分重要。制定了合理的计划之后，接下来只需要对过程加以把控，就能够顺利完成目标了。对于销售而言，预先做好计划，可以使工作更加轻松。

准确地制订计划

对企业来说，很多指标都是非常重要的，其中有两个核心指标是必不可少的：年度销售收入目标和利润目标。销售收入目标体现的是企业的经营规模，而利润目标体现的是企业的经营效益。

在制定销售目标时，必须要明白两件事：一是世界上没有完美的销售目标，总是会有一定的误差，有时甚至相差很远；二是制定销售目标的过程才是重点，数据有误差没关系，重点是在制定的过程中对公司的一系列情况有清晰的认识。例如，分析行业变化趋势、行业竞争态势等，熟练掌握这些情报以后，下一年度的销售目标的实现才能得到策略保障。

很多人在刚开始做销售的时候，总是对销售目标存在误解。有的人认为销售目标定得越高越好，于是会在"双11""双12"等节日发放大量补贴做促销，吸引了很多客户。这种想法非常普遍，也很容易理解，怎么可能有人嫌利润太高呢。但是实际情况却比理想中的复杂得多，由于把销售的目标设置得过高，可能会面临两个难题：

（1）销售目标难以达到，对公司相关部门的KPI考核不利，影响员工士气。

（2）短时间内销量激增，超出公司的运营能力，影响公司正常运转。

这两种局面，无论出现哪一种，都会对公司造成不利影响。因此，阿里巴巴每一年都会严格制定目标，确保公司的稳定发展。每年"双11"开售之前，阿里巴巴都会针对公司目前的状况制定一个销售数字，形成一条理想的曲线。

阿里巴巴并不担心GMV（网站成交金额）太低，反而担心GMV提升得太快，以致对将来的运营造成不良影响。

阿里巴巴制订销售计划的重点有两个，分别是销售额和客户数量。也就是说，既要重视销售的金额，保证公司的利润，还要注重拓展客户数量，为将来的生意做好铺垫。至于具体的数额，则根据每个部门具体的KPI情况来制定，确保各个部门都能取得不错的效果。

取法乎上，仅得乎中

如何制定销售目标呢？这个难题困扰着很多销售员。通常来说，每个销售员制定的目标都不一样，因为每个人的性格和习惯都不一样。有的人比较保守，所以制定出来的销售计划也比较保守，可能与上一个计划持平，甚至略低；也有的人比较激进，在短时间内连续提升目标销售额。你觉得自己属于哪一种呢？

作为一名销售员，你的销售目标有两个来源：第一个是公司强行分配给你的，这是你必须要完成的任务；第二个是你自己制定的，属于自我突破的志向，这个任务不会有人强制要求你完成，完全是看你的自觉性。社会上的普遍现象是前者的数额大于后者，公司希望无限制地压榨员工，而员工希望尽可能地少干活。但是在阿里巴巴，经常出现后者超过前者的现象，阿里巴巴的销售员大多充满了野心，他们为自己制定的销售目标，可能远远超过公司给他们规定的任务。

古人说"取法乎上，仅得乎中"，意思就是把上等的任务当目标，只能得到中等的，要是把中等的任务当目标，那就只能得到下等的结果。做事就要有高标准、严要求，销售更是如此。

把目标定得更高一点

在阿里巴巴，大家的习惯是不断加压，逐渐扩大销售额，把目标定得比理想中的更高一点。比如，第一个月把销售目标定为10万元，一个月以后任务完成，销售员对下个月的预估是能够完成15万元，但是销售员会在15万的基础上再加一点，定到18万元~20万元，以此类推，销售目标不断提升。

在很多人看来，这种加码方式太疯狂了，因为很少有公司能够像阿里巴巴这样始终保持优异的经营业绩，就算销售员再努力，也不可能一直增长下去。但是在阿里巴巴，却有这样的可能。这其中主要有两个原因。

第一是阿里巴巴总是能够占领先机，在市场还没有成熟的时候杀入，利益空间很大，给销售员提供了广阔的发挥才能的空间。正如"中供铁军"的发展历程一样，"中供铁军"最初都是一些名不见经传的人，但是他们在电子商务市场的萌芽期就加入进来了，几乎没有敌手，他们的销售目标上涨速度非常夸张。

第二是阿里巴巴强大的运营能力。对于BAT（百度、阿里巴巴、腾讯），

业界有这样的评价：百度重技术，阿里重运营，腾讯重产品。阿里巴巴集团的
运营能力十分强大，为销售提供了可能。

　　这种加码方式对销售的训练强度很大，所以能够在短时间内就培育出一大
批极其优秀的销售人员，他们共同组成了一支阿里铁军。

销售目标如何进行量化

设定销售目标是非常重要的，通常公司在设定目标之后，就会围绕着这个目标开展活动，例如投入广告及促销费用、雇用推销人员、选择营销渠道，以及列出所要生产的产品、设定库存等。

什么样的销售目标才是好目标

销售是为了目标而存在的，那么什么样的销售目标才是合理的呢？阿里巴巴又是如何用数据来制定销售目标的呢？

很多企业是怎么做销售工作的呢？就是根据经验定一个大致的目标，相当于画了一个靶子，然后让自己的销售员去跑市场、跑业务、跑客户，但是最后能不能达成这个目标就是另一回事了。就算没有达到目标，也很少有人敢站出来对老板说："你定的目标不合理。"所以在大多数公司，老板在上面定目标，销售员在下面抱怨。我们不禁要问，什么样的目标才是最符合公司和员工利益的呢？

这涉及三方面的利益，分别是公司、领导层和基层销售员工。因此，一个好的目标必定会有三个特征。

（1）具有合理性，符合市场形势，保证公司整体战略的顺利进行。

（2）具有发展性，与公司发展经营策略步伐一致，不至于翻车。

（3）具有挑战性，能够调动起员工的战斗欲望。

符合这三个特征的才能称得上是优秀的销售目标。

销售岗位的目标量化

量化销售目标是必须做的，只有这样，才能给销售人员提供一个清楚的参考。例如，公司领导给一名销售员制定了一个月50万元的销量目标。而这个销售员手上有45万元的老业绩，也就是说，这个销售员除了要保证原有的业绩以外，还要多做出5万元的新业绩。除此以外，销售员通常还要保留一些浮动业绩，防止有老客户不订货，假设为5万元。综合下来，销售员就要多做出10万元的新业绩。根据这个数字，销售员就可以对工作计划进行更改。首先，计算一下要做多少个新客户，才能做出10万元的新增业绩，并对这些客户的用量做一个预估。然后计算一下每天需要找到多少个准客户的信息，一条一条地列出来。最后，把工作任务分配到每天，规定每天必须拜访几家，成交几家，这样才能精确地完成绩效。

在大数据的帮助下，阿里巴巴的销售人员对量化目标非常重视，也取得了很好的效果。他们在长时间的销售生涯中，总结出了两种方法。

有的商品性质比较单一，定价比较固定，不会发生大的波动和变化，同类商品也没有太大的差异，此类商品的销售目标计算起来比较简单，按照"客户总量×客户转化率=成交客户量"的公式，就可以评估出平均每个月的成交客户量，然后计算出平均到每周、每天需要完成的数据。

但有些商品价格波动较大，评估难度会更高一些，制定的销售目标的准确度不高，经常与实际业绩相差甚远。对于此类商品，要分别从价格、销量、产量等方面进行评估。例如，先去除波动较大的高价格和低价格，尽量选取常规状态的金额来对价格进行评估，然后按照"客户总量×客户转化率=成交客户量"的公式进行计算。考虑的因素越多，销售目标就会越准确。

　　虽然有大数据的帮助，但是在制定销售目标时，阿里巴巴也不会掉以轻心，他们还是需要满足以上三个特征。阿里巴巴的销售也需要分析当前的市场形势，以及企业的现状，再加上销售本人的能力，三者结合起来，才能制定一个可行的销售目标。比如，年度销售额、季度销售额和月度销售额，有了一个大体的目标后，再根据目标编制预算和预算分配方案，落实分配具体的执行人员、职责范围和时间表。

设定目标的SMART原则

设定销售目标是一项十分复杂的工作，必须遵循一定的规则，方能得出合理的结果，尽可能地避免出现偏差。SMART原则就是这样一种专门为目标管理服务的工具，在企业管理中得到了广泛的运用。Smart翻译成中文，就是"聪明"，用聪明的方法制定销售目标，可以让销售员对工作更有信心，同时更有积极性用SMART原则管理目标，可以使管理者的工作由被动变为主动，有利于员工更加明确高效地工作，同时为未来的绩效考核制定了目标和考核标准，使考核更加科学化、规范化，更能保证考核的公开、公平与公正。毕竟，没有目标你是无法考核员工的。另外，在制定目标的过程中，管理者和员工也获得了成长。

SMART原则是五个英文单词的缩写，即Specific（目标明确）、Measurable（可以衡量）、Attainable（能够实现）、Relevant（关联合理）、Time-bound（明确时间）。这五个单词将销售目标一共分成了五个维度，下面我们一一对其进行解读。

图3-1　SMART原则

1. S：Specific（目标明确）

销售目标应当明确，这是开展销售工作的前提。销售目标可以分为很多种，包括开拓新市场、提升经营业绩、服务质量升级等。在制定销售目标的时候，我们必须明确方向。

例如，公司进入一个陌生的市场时，一切都要从零开始，工作比较混乱，此时必须给销售员制定明确的任务。不能含糊不清地说"接下来的任务是好好工作"，而是应该给自己制定一个总的方针，比如"今年的第一目标是开拓200个新客户，第二目标是销售额提升15%"。

2. M：Measurable（可以衡量）

一定要给出一个可以衡量的数值，哪怕条件很差，很难估算，也一定要选出一个确定的数值。销售人员不能只顾着低头拉车，却从不抬头看路，因为这会使我们忘掉自己的主要目标。

例如，在制订销售计划时，公司领导提到今年的计划是"业绩大幅增长"，但是究竟该增长多少呢？对于业绩稳定的公司，10%的销售增长就已经是很好的业绩了，但是对于正处于上升期的公司来说，100%的增长也不是不可能。

所以明确目标是非常重要的。只有给出一个明确的数值，销售员才能知道自己要付出多大的努力，对于未来也会有一个明确的预期。尤其是在开展促销活动时，更应该坚持这样的原则。

3．A：Attainable（能够实现）

销售目标的制定应当控制在一个合理的范围内，最好是比以往的数额高出一定的比例，这样做的好处是显而易见的，它会给销售工作带来一定的挑战性，但是又不能太高，制定一个不可能完成的任务，显然是没有积极意义的，只能打击自信心。

4．R：Relevant（关联合理）

销售目标不能胡乱制定，它必须和公司的性质、发展速度等因素产生相关性，比如提高销售收入，就是为了公司更好地发展。而不能定一些与公司发展无直接关系的目标。这样制定出来的目标才是有意义、才有可持续性，从而避免做无用功。

5．T：Time-bound（明确时间）

制定销售目标的时候，必须给自己规定明确的完成时间，所有的行动都要在这个时间内完成，没有时间限制的目标是没有意义的。还要定期检查，看看销售的进度如何。另外，最好在制定大目标时，同时制定出阶段性的目标。比如，制定年度的销售任务，同时制定季度的销售指标，便于检视和监控。

在这套原则的帮助下，阿里巴巴的销售们总是能够时刻牢记团队目标，同时努力提升自己的工作效率，成功地完成了一个又一个项目。

拆解年度销售额总目标

很多公司在年底的时候都会不断地推演第二年的销售目标，然后逐层分解，从公司总体目标到各个部门的销售目标，再细化到每个销售员。

制定销售额目标是一个需要反复斟酌的过程，需要制定符合公司发展规划的目标，制定之后还要逐步分解下去，成为可以落实的计划。年度目标、季度目标、月度目标……销售员该如何分解自己的目标呢？

年度销售目标的制定

很多企业在销售计划的管理上存在问题，尤其是年度销售计划的管理，更容易出现偏差，定得太低会让老板不满意，定得太高又会影响员工的积极性。因此，在制订年度计划时，必须小心谨慎。

通常，阿里巴巴年度销售计划的制定是基于上一年度的销售数据上。假设上一年度完成了500万元销售额，为了配合公司提出的20%的销售增长率计划，可以将今年的销售目标定在600万元左右。

按照客户的忠诚度，又可以将年度销售目标分解成老客户和新客户两部分。老客户的忠诚度一般比较高，在店里的消费比较稳定，销售员可以根据手中的资源，看看老客户去年下了多少订单，预计今年能够下多少订单。对于一些大客户，销售员应当在每年的年底跟他们讨论接下来的采购计划。新客户的贡献度一般较低，需要努力才能得到。一般公司会有一定的资源分配，阿里巴巴的询盘是其中一种方式。阿里巴巴通过各种推广渠道获得询盘，而销售员根据自己的经验，从客户的询问中预计能下多少订单。

销售增长率，也就是公司预期增长的百分比，它的制定也有讲究。其中最常用的方法是根据历史销售数据制定。你可以根据过去3~5年的销售情况计算平均增长率，也可以根据历史销售数据进行线性模拟，推测出合适的白分比。这两种方法比较适合小型、初创型企业。其目标销售额的计算公式为：

$$目标销售额=过去3~5年平均销售增长率×当前销售额$$

正规的大中型公司会根据市场占有率制定销售增长率，其目标销售额的计算公式为：

$$目标销售额=上年度市场份额×下年度市场预期总量$$

把年度任务分解到每月和每天

制订了 个切实可行的年度计划以后，销售员也不能掉以轻心，接下来还需要一个可以实施这个销售计划的方法。否则，在竞争激烈的市场上，难免会出现较大的偏差，导致销售额达不到预期的结果。

说到底，年度销售计划只是一个大概的工作区间，还需要继续分解，制定出每个月甚至每一天的具体目标，然后按照计划表一步一步走下去。这样做可以让员工的每一天都过得很充实，充满斗志，就像跨过一个个难关一样。不断积累小的成果，远大的目标就一定能实现。

销售有淡旺季之分，所以每个月的销售额分配度也是不一样的。实施月度销售计划要按照时间、地区等因素进行分解，使计划能够有落实下去的可能。例如，把月工作计划分为上、中、下旬三个时间段，月度计划制订以后，还要进行短期的计划，例如从周一到周日，划分每天的计划数额，然后有针对性地制定客户数量、拜访数量、签约数量、账款营收额等。

很多企业销售计划的各项工作内容，都从未曾具体地量化到每一个销售员身上，结果导致年度计划无法执行下去。为了避免这种情况发生，我们不应该盲目地向销售员下达目标数字，正确的做法是指导销售员制定切实可行的实施方案。

进程管理，持续推进计划

销售目标的作用只是确定一个方向，具体的还要看实际操作，把销售计划从纸上落实到生活中。

销售的终极评价标准就是业绩

生活中，经常有人产生这样的疑惑：明明计划定得很好，管理也井井有条，销售人员也都很努力，但是销售业绩总是上不去，在公司里面的排名总是处于十分尴尬的位置。不知道是哪里出现了问题。

假如让销售员自己去分析失败的原因，他们会找出一大堆理由，例如准备不够充分，不能打动客户的内心，又或者是客户太挑剔，临时改变主意。总之，很少有人能够认识到自身的问题。但是现实情况是，大多数失败都与团队的管理者有关，他们虽然在前期做了大量的规划，但是在过程管控中做得不好。

销售最重要的工作便是执行，所有的目标都要实现才有意义，销售就是一份靠业绩说话的职业。没有业绩，再好的计划都没有任何意义，没有人会记得失败者的雄心壮志。所以我们必须重视对销售过程的把控。

推进销售进程的原则

销售进程其实是一个永不结束的循环，从制定销售策略，到登门拜访客户，总结成功/失败经验，然后再重新制定策略，并且拜访客户，总结经验……拜访客户是实打实的销售行为，制定销售行动策略也要认真去做，尽管很多时候只是发生在销售人员的脑海中。

销售人员在推进销售进程的过程中，需要掌握以下原则。

1. 专心致志地做一件事

销售也是需要专心去做的事情，但是很多时候，我们见到的销售都是看上去特别忙碌的，他们一会儿与客户交谈，一会儿与其他客户打招呼，一会儿又去刷朋友圈和微博，这样的工作状态很容易博得老板的认可，但是也很容易出错。销售最好保持"一人一事"的状态：一人是指每次都只接待一个客户；一事是指每次专心处理一件事，稳步推进销售流程。

2. 控制情绪，而不是被情绪左右

对于销售员来说，控制情绪是一门必修课。在销售的过程中，我们难免会碰到各种各样的烦心事。很多时候，客户会说话尖酸、没礼貌，让销售员感到很头疼。如果销售员产生负面情绪，甚至开口反驳，与客户争吵，就会导致事情朝着更坏的方向发展。能力好不一定能成功，但情绪不好一定不会成功。要记住，无论何时都不应该被情绪左右。一个优秀的销售员不会因为情绪而影响工作，只会朝着结果看齐，把事情往最好的方向引导。

3. 坚持，坚持，还是坚持

有条件要上，没有条件创造条件也要上，销售就是一份坚持努力的工作。不能遇到困难就退缩，一定要最大限度地调动自己的潜能。公司没有资源，就自己找资源，公司没有培训，可以选择自学，特别是在这个知识大爆炸的时代。

4. 定期回顾

每过一个时间段，都要对前面的工作进行回顾。不妨将销售的完成情况与销售目标之间的百分比定为分数，用结果来给任务的完成情况和完成质量打分。

5. 坦然面对失败

如果没有完成预期的目标，或者与目标相差甚远，销售员也不必心灰意冷，要面对事实，总结经验和教训，重新规划目标，或者改变工作方法。

在拜访客户时，最重要的是把产品的特点和客户的需求相对应，以达到以利动人的效果，而不是拉关系、套近乎。因此，销售员既要学好口才课，还要懂点心理学，还必须得知道客户是谁，他在想什么，他的心理预期是多少，才能投其所好。

—— • 第四章 • ——

见客户：以利动人，而不是以理服人

Alibaba

Sales Class

"上帝"到底是怎么想的

人们常说"顾客就是上帝"，读懂了顾客，就能成为一名优秀的销售员，但是这个"上帝"显然非常难读懂。甚至有很多人一听到你是销售，第一反应就认为你是骗子。他们在与销售人员交谈的过程当中，认为销售人员的话可听可不听，往往不必太在意，甚至抱着逆反的心理与销售员进行争辩。如果销售员不能意识到这一点，就会给销售工作带来很大的挫败感。

客户天生不相信销售

客户不信任销售是一个共性问题，几乎所有的销售员都会遇到，阿里巴巴的销售也不例外，可以说"中供铁军"的发展史就是一部失败史，就连马云也曾经不止一次地遭遇失败。

俗话说"未虑胜，先虑败"，面对客户，你要做好失败的准备，比这更重要的是知道他们为什么不信任你。客户之所以不信任销售，通常有以下几个原因。

1. 有过被骗的经历

客户之所以会产生顾虑，很可能是因为他们之前有过被骗的经历，所以"一朝被蛇咬，十年怕井绳"，看到任何销售都感到害怕。出于保护自己的目的，客户一般会对主动拜访的销售人员怀有戒备心理，木能地产生不信任感，就算是在热闹的大商场里也一样。

2. 双方意见产生分歧

有的时候，客户提出某种要求，但是销售员不答应，双方就产生了分歧。比如，客户想要打折，但是销售员告诉他不能打折，或者客户想要把某件商品拿在手里仔细观看，但是销售员告诉他禁止触摸，这时客户的心里就会产生反感，接下来销售员所说的每一句话都会人打折扣。

3. 销售的侵略性太强

当销售过于强势的时候，会给客户带来不安全感。比如，在大街上追着陌生人塞传单，也不管别人乐意不乐意。又或者是一上来就对客户说"你一定要买"，这种对话简直是销售的毒药。客户想不想要，不是由销售说了算的。你有什么不重要，重要的是客户需要什么。如果你没有在产品功能和客户需求之间建立链接，你就是自说自话，客户会认为你只想卖东西，而不是想帮助他。对于这种情形，客户自然不愿和销售接触。

4. 不重视客户的意见

销售口才很重要，但是一直不停地说也未必是件好事，你要给客户留下一点表达自我的时间，销售犯的最多的错误，就是掌握不好对话的节奏，只想着尽快把东西卖出去，却没有顾忌客户的需求和感受。

5. 专业性不强

客户总是对"专家""学者""发明人"等词汇很感兴趣，因为这些是专业的代名词。如果你不专业，客户就会认为你是个外行人，所以很难信任你。在工作的过程中，销售人员应当学会包装自己，一方面学习相关的产品知识，另一方面学习销售知识。

怎样让客户消除疑虑

要想让顾客消除疑虑，就必须给他们展示一些特别的东西，例如认证证书、实验证明等，让这些东西成为你的证据。

1. 权威认证

在任何时代，权威认证都是一种极为简单又极为有效的方法，而且这种方法有很多种做法。语言会因为说话者的身份而被赋予价值，很多关于产品专业性的知识点，必须有专家出场才显得更权威，才能赢得消费者的信任。例如，找个著名的球星来做代言，或者邀请一位医生来做节目，又或者找某个认证机构盖个章。

2. 现场演示

对于某些日常用品来说，再也没有比现场演示更有效的介绍方式了。如果你的产品有独特的作用或者优势，不妨带上一些样品，给客户来个现场演示，让客户可以近距离接触。

3. 顾客证言

销售自己把产品说得天花乱坠，会有种王婆卖瓜自卖自夸的感觉。有时候，不妨找一些客户来现身说法，这可能比自己一个人说效果更好。你也可以选取网上的评论，截图给客户看。你甚至可以举办一场线下交流会，邀请客户前来参与，这比传统的销售模式好得多，但是成本也高得多。

根据性格对客户进行分类

　　根据客户的性格特征和行为方式，我们将生活中常见的客户分为强势型、友善型、呆萌型和协调型四种，并对这四种类型的客户做了一定的分析。

强势型客户
做事爽快
说话直入主题

友善型客户
为人和善
看重人际关系

协调型客户
做事谨慎
喜欢分析利弊

呆萌型客户
比较犹豫
购物效率不高

图4-1　四种性格的客户

1. 强势型

强势型客户的主要特征：做事爽快，决策果断，逻辑思维强大，同时又充满了自信心。

他们的时间观念很强，追求高效率，所以做事简单直接，直入主题，不愿意花太多时间与销售闲聊。他们常常会被认为是强权派人物，但是也给人留下了不谦逊的印象。

在与销售谈话时，此类客户的说话速度一般比较快，声音很洪亮，还没等销售员介绍产品，他们就已经迫不及待地想要知道销售拿的是什么。

所以，对待这种强势型客户，就应该"以彼之道还施彼身"，用同样的行为习惯去应对。你要表现得像个行业领域的产品专家，在讲话时直入主题："×先生，这是我们最新研发的××产品，请您看一下。"讲话的速度应稍快些，以显示出你尊重他的时间，同时也表明你的时间也很宝贵。

为了将销售活动向前推进，你可以给客户提供更多的选择，让客户自己做决定。比如提供两个项目建议书、两种产品或服务等，让他们自己拿主意，而不是让他们感觉自己是被迫接受的。

2. 友善型

友善型客户的主要特征：为人和善，决策果断，同时具有很强的沟通能力，通常会更加看重人际关系，而不会把利益看得太重。在人际交往中，友善型的人很容易成为核心，人们都喜欢与之交朋友。对他们来讲，得到别人的认可与喜欢是很重要的。

在与销售员交谈时，他们也会表现得比较友善和热情，不会让人感到不舒服，因为他们不愿意轻易得罪销售员。但是销售员往往会发现，和他们闲聊的时间太长了，聊了半天也没有进入正题。

所以对待这类客户的时候，销售员可以把他们当成朋友，像朋友一样地交流，同时也要注意推进销售进度。你可以对他们说："这款产品很受欢迎，我自己平时也很喜欢用，我感觉它是很适合你的。"

3. 呆萌型

呆萌型客户的主要特征：往往年纪比较小，单纯，温和，主要是涉世未深的学生。

他们喜欢冒险，尝试自己没有接触过的事物，同时也喜欢按程序做事情。他们往往比较单纯，个人关系、感情、信任、合作对他们很重要。他们喜欢团体活动，希望能参与一些团体，而在这些团体中发挥作用将是他们的梦想。

此类客户往往比较犹豫，所以导致整个销售的效率不高。他们通常不会提出太多的意见和看法，在回答问题时也是不慌不忙，比较坦诚，大多会认真配合你的销售工作，只要你能更好地引导。

所以你要显得镇静，不可急躁，讲话速度要慢，音量不要太高，要相对控制好自己的声音，并尽可能地显示你的友好和平易近人，不必表现得过于热情。

4. 协调型

协调型客户的主要特征：做事较为谨慎，喜欢通过大量的事实、数据来做判断，以确保他们做的是正确的事情。在完全信任对方之前，不会轻易示好。

他们工作认真，讨厌不细致、马虎的工作态度。做事习惯按部就班，很少做出激进的决策。

在购物的过程中，协调型客户会仔细地挑选产品，一边听销售说话，一边在脑袋里进行比较，所以看起来有点心不在焉的感觉。其实，这对销售是非常有利的，因为他们会主动考虑你推荐的产品是不是适合自己，会比其他客户更快进入购物状态。

销售员应该和他们一样，保持严谨和认真的态度，仔细聆听客户的购买需求。

找到关键的销售KP

KP（key person），意思是关键人物。销售过程中的KP，就是指那些能够决定是否成交的人。这些人对销售决策起着决定性的作用，因此，要想做好一名销售，首先要学会辨认KP，然后取得KP的信任。

KP的类型

KP在很多销售场景中都会出现，尤其是大单交易，例如在买房和买车的时候，我们经常可以看到夫妻共同出现，丈夫对某款汽车或者某套房子感兴趣，但是妻子却说："这有什么好的？"然后说出了一大堆缺点，丈夫就打消了念头。在这种情况下，如果销售员比较聪明的话，就应该明白，妻子才是需要搞定的关键人物。

只有KP才有购买的决定权，所以我们非常有必要学会辨认KP——能做决策的人。

在日常生活中，KP通常有三种类型，他们分别扮演着不同的角色。

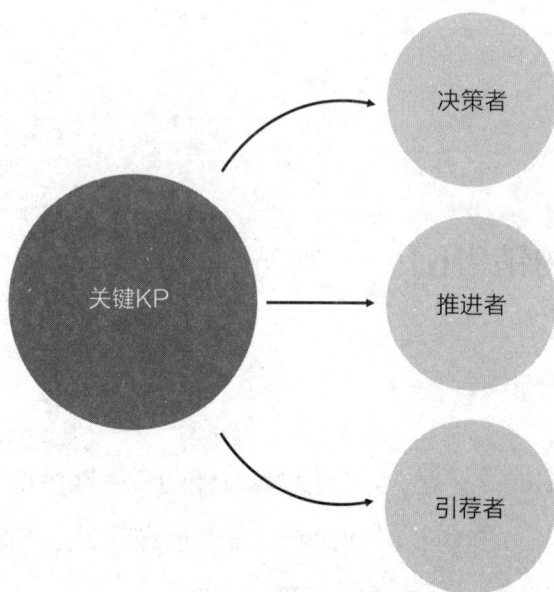

图4-2　三种类型的KP

1. 决策者

这种是完全不会受到外界影响的关键人物，他们可以直接决定整个买卖的走向，比如小公司的老板，占绝对多数股份，所以拥有绝对的话语权，针对一些决策能够直接拍板。

2. 推进者

这类客户在销售中没有直接的决策权，比如大公司的部门领导，他们或许还需要向上级领导进行汇报和请示。搞定了这类客户，就可以让他们去推进销售的进程。

3. 引荐者

这类客户可能与生意没有直接关系，但是他们可以帮助销售找到关键人物，所以这类客户也具有一定的价值。

如何快速找到销售KP

我们如何快速识别KP呢？这需要我们足够了解客户的信息，例如丈夫与妻子的关系，以及客户公司的组织架构和人事架构等，只有了解了这些信息之后，销售员才有机会找到KP。例如，销售员和客户见面时，互相递了张名片。客户的名片上写着"职位：总经理"，那么这个人很可能就是能够直接拍板的关键人物，因为总经理的职位很高，具有很大的决策权。如果客户的名片上写着"职位：工程师"，那么他的决策权就会相应地减少很多，在一些重大事件的决策上，他不能替客户公司拍板，但是销售员仍然可以把他当作一个KP，让他发挥引荐者或推进者的作用，让他帮你找到那个可以拍板的人。

对于传统的中小型企业，我们不妨直接找他们的总经理谈，通常成功概率较大，因为找到他们的难度不大，而且他们通常都可以直接拍板。你也可以从下往上，通过各个层级找到对方的决策者。在此过程中，你可以与客户公司的很多成员建立联系，更有助于业务的推进，但是这样会消耗大量的时间，需要一点耐心。

管理客户期望值

客户期望值，就是客户认为你的服务应该达到的水平。

要把一件商品推销给客户，销售必须首先了解客户对这件商品的期望值。也就是说，你得先弄清楚客户想要什么，然后才能知道自己应该怎么做。客户期望值管理也是阿里巴巴销售的必修课，通过这种方法能提升客户的满意度。

期望值和满意度

客户期望值是每一个销售员都必须了解的如果你不知道客户的期望值，你就很难做到让客户满意。期望值管理的关键是要准确判断客户的需求，让客户跟销售员朝着一个方向努力，然后把双方的期望值差距缩小，从而达到双赢。如果企业为客户设定的期望值与客户所要求的期望值之间差距太大，销售员就算说得再好听，客户也不会接受。

我们可以把客户的满意度用一个简单的公式表示出来，它等于客户的实际体验减去之前形成的期望值，即客户满意度=客户体验−期望值。

如果客户的实际体验和他的期望值相等，那么他会感到一般，没有太大的惊喜，也没有失望。当实际体验超过期望值时，客户会感到比较满意。反之，客户则会对整个购物过程感到比较失望。

如何提升客户期望值

能够影响客户期望值的因素有很多，其中最主要的有客户的年龄层、家庭条件、消费习惯以及品牌口碑等。每一种因素的变化都会导致客户期望值的变化。例如，由于受到某些因素的影响，客户对商品的了解大多来自广告宣传，这时他们会根据广告的内容，对商品有一个大致的印象，这就是他的期望值。显然，当期望值越高时，客户就会对商品越感兴趣，成交的可能性就越大。

提升客户期望值的方法有很多，例如淘宝开创的"亲"文化。现在人们已经习惯了销售对客户喊"亲"了，尤其是在网购的时候，"亲"几乎成了标准用语。可别小看了这小小的细节，它对客户期望值的提升有着非常巨大的影响。

淘宝"亲"文化的出现是一件极为偶然的事情。一位淘宝早期的客服在论坛上发帖的时候，写"亲爱的你们"时，觉得和淘宝的氛围不符，于是改成了"亲爱的们"，后来干脆变成了"亲"。就是这么一个小小的改动，给淘宝的用户们留下了深刻的印象，很快就传播开来，成为一股潮流。

这也是一种提升客户期望值的方式，只不过它提升的是情感上的期望值。一句简单的"亲"，让销售变得不再那么冷冰冰，而是给消费者留下了十分亲切的感觉。

销售报价的小技巧

在销售过程中，价格始终是客户重点关注的对象。无论在何时何地，以及出售何种商品，销售都应该把报价列为重点学习的课程。

报价的原则

在购物的时候，客户经常会和销售员讨价还价，这时销售员学会一点儿报价技巧就很有用了。报价的原则是，既要能够补偿商品的价值，使企业有一定的盈利空间，又要让客户感到实惠。

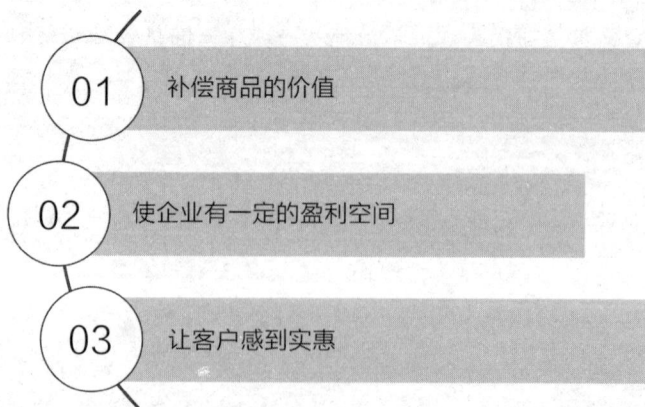

01 补偿商品的价值

02 使企业有一定的盈利空间

03 让客户感到实惠

图4-3 报价三原则

通常，客户和销售员谈得最多的就是价格，很多时候双方正是由于在价格上没有谈拢，才导致销售失败。简单来说，销售员肯定希望能够把商品卖个好价钱，但是客户肯定希望价格能尽可能地低，这是人性的普遍规律。因此，在实际的谈判中，要想让双方都满意，最终达到双赢的局面不是一件简单的事情。开价高可能会导致一场不成功的交易，开价低对方也不会立即成交，因为他们不知道你的价格底线，大多数人是不会停止还价的，相反他们还会继续杀价，等交手两三轮以后，才会决定要不要购买。

俗话说，"好的开始是成功的一半"，如果能够在第一次报价时，就给出一个合理的区间，那么接下来的销售工作会容易很多，这需要销售员的谈判技巧和智慧。在第一次向客户报价的时候，我们需要多花一点儿时间，先进行一次全盘思考，估算一下客户能够接受的价格是多少。

阿里巴巴有一条黄金法则：第一次开价一定要高于估算结果。这样做是为了给接下来的杀价预留空间。

采用多种技巧，证明价格的合理性

销售新手通常会认为，价格一定要符合价值，好东西才能卖高价，没有什么价值的东西不能报价太高。经验丰富的销售高手们却不会这么想，他们认为，报价的关键是看客户的心理预期。假如客户对产品很满意，销售员就有机会把产品卖个好价钱。因此，价格没有高低之分，只要你能让客户觉得物有所值就行。

在日常生活中，销售员通常会采取以下方法来提升报价的竞争力。

1. 强调产品价值

报价的关键是让客户感到物超所值，所以销售员应当强调产品的特殊价值，让它显得与众不同，对得起这个价。销售员可以从两个方面去做：一是拿其他家的高价格产品做比较，两相对比，突出自家产品的性价比；二是告诉客户，这个价格在日常开销中的占比很小，例如很多销售员喜欢说："只需要一包烟的钱。"这也是一种非常有效的报价方式。

2. 报出小份包装的价格

这种方法在营销学上比较常见，它把产品拆分成一个个独立的小包装，然后在销售的时候，用单个小包装的价格向客户报价。如果客户想要多买一点儿的话，他们就得买套装，而套装通常又会打折，所以套装看起来更划算。

3. 推荐搭配套餐

这种方式在网店中经常出现，例如出售一件上衣，店家会在页面下方给出推荐的搭配，包括裤子、鞋子、外套等。几件搭配着买，就可以享受打折优惠。这种方法也可以让客户感觉更便利，更实惠。

从客户的怀疑中寻找突破口

任何一个销售员，在他的职业生涯中都会遇到一个绕不开的关卡，那就是客户的怀疑心理。当销售员诚意满满地给客户推荐产品，客户可能根本不领情，这是十分常见的。面对这样的客户，不要试图用道理说服他，最好的办法是用利益。

"怀疑战术"是客户最常用的

能否识破客户的真实心理，是区分销售天才与庸才的一道分水岭。请看下面的例子。

阿里巴巴的销售曾经想在浙江永康发展一些客户，但是等他们去了以后，才发现进展并不顺利。当时一家客户的经理亲自找到阿里巴巴的销售代表，并且对他们说："你们的服务水平到底怎么样？有很多人在私下里对我说你们的坏话。"

客户的这番话让阿里巴巴的销售代表感到很尴尬，在他的印象里，公司在客户群中的口碑一向都很好，很少遇到说话语气如此尖锐的客户。但他还是保持微笑，继续向客户推销产品，并且详细列举了产品的各项优势。

这样的客户在生活中有很多，一边看不上商品，一边又跟销售员讨价还价，还时不时地说出几个专业名词，试图反驳销售员。他们表面看起来很懂，实际上并不懂，我们可以把这类客户叫作"心是口非"客户。他们跟"口是心非"的客户不一样，这类客户其实很好对付，但是要注意这种客户的自尊心特别强，优越感和自我表现的欲望也很强，不能激怒他们。如果是没有经验的销售，很可能会跟他们争论起来，这会使客户下不了台，让他很气愤。如果你当面指责客户说的话自相矛盾、错漏百出，客户肯定不开心。

所以，当客户说产品"没什么用"时，销售员千万不要做出以下几种举动。

（1）忽视客户，默默地整理产品，不再与客户沟通。

（2）对客户的说法漠不关心，面无表情。

（3）当着客户的面，与同事小声抱怨，出言讥讽。

（4）未能抓住客户的真实心理，把客户说的话当真了，与客户争论产品的优点。

其实，销售员可以先称赞一下客户的专业知识，然后再向他介绍产品，这是应付这类客户的有效方法。一般来说，当客户的虚荣心得到满足后，他会认为自己已经处于谈判的优势地位，接下来就会与销售员展开谈判。

客户说"没什么用"，很可能不是真心的

当销售员向客户推销产品时，客户看了之后说"没什么用"时，往往意味着接下来会围绕着产品的价格进行一场谈判。这是卖场和门店销售中常见的情景，尤其是对有些非生活必备品的销售更是如此。当面对这种情景时，销售员应该如何应对呢？

当客户对你的产品做出"可有可无"的评价后，一定要通过细心的观察和认真的分析准确判断出他所言到底是真还是假。因为在很多时候，客户会为了

压低产品价格而有意说出这种话。然而，对于一些缺乏经验的销售员来讲，听到客户这样说，就会以为其不想购买了，从而就会主动降价。这样一来，客户的目的就达到了。

一般情况下，如果客户有以下反应，就表示他对产品是比较感兴趣的：客户一直把产品拿在手里并小心翼翼地仔细观看；客户在说产品"可有可无"时，不但不放下产品，还认真地观察销售员的一些表情和反应；客户表面上是心不在焉地看着产品，却不时地向销售员询问一些关于这个产品的关键性问题。"没什么用"只不过是他故意说出来的，目的就是为了误导销售员，从而在接下来的谈判中给销售员施加压力，作为压低价格的一个策略而已。

这类客户具有极强的购买欲望，以及强烈的谈判欲，他们是销售最喜欢的客户。喜欢挑剔，就意味着有成交的可能。当然也不排除客户真的不喜欢这类产品，比如客户原先已经购买过相似的产品，没有看到眼前产品的独特之处，他们是不会轻易购买的。即便如此，销售员也不能任由客户离开，而是应该抓住这个机会，为客户全面讲解产品的优点，看看能否激起客户的购买欲。

SPIN销售法：顾问式销售技巧

SPIN销售法是一种常见的销售方法，它是由尼尔·雷克汉姆（Neil Rackham）创立的，提出之后立即受到众多营销高手的追捧。

什么是SPIN销售法

SPIN是四个英文单词的缩写，即Situation（情景性）、Problem（探究性）、Implication（暗示性）、Need-Payoff（解决性）。它们分别代表了四种话术。

无论销售金额大小，通常都会遵循这样的规律：要想让客户买你的东西，首先得和客户交谈，然后从他们口中问出他们的需求。人们对销售的这一过程进行简化，得到了更为规范的一套销售工作流程，包括：询问客户、探寻问题、引导需求和给出方案。

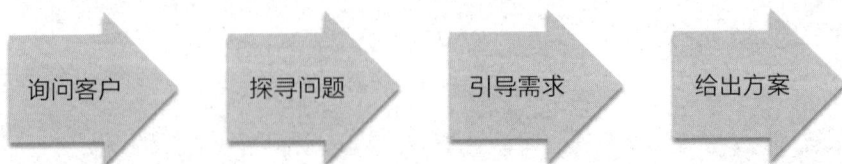

询问客户 → 探寻问题 → 引导需求 → 给出方案

图4-4　销售工作流程

这四个流程是环环相扣的，只有上一个阶段完成了才能进入下一个阶段，但是探寻问题阶段是最关键的，在这一阶段的表现将在很大程度上决定营销成功与否，很多销售人员就是在这一步失败了。

SPIN销售法就是针对这四个流程的内容提出的一整套方法，为销售人员提供了清晰的指导。

四个流程的销售话术

1. 情景性话术（Situation）：询问客户

这是销售工作的第一步，也是接触客户的一步，在这一阶段，销售的主要任务是探寻客户的相关信息，了解客户的业务现状，为下一阶段的谈话内容做铺垫。在此过程中，销售人员可以根据自家商品的功能，营造出一种使用情景，让客户沉浸其中。

例如，一位销售人员要向一个陌生人推销吸尘器，可以寻找时机对客户说："您家里平时是用扫帚清扫房屋吗？屋子里的沙发、桌子等家具的角落肯定很难清扫吧？"利用这种方法，引导客户说出自己的信息，这些信息中就隐藏着客户的真实需求。

2. 探究性话术（Problem）：探寻问题

根据已经了解到的信息，探寻客户真实存在的问题。这个问题可以由销售人员总结出来，也可以引导客户主动说出来，然后买卖双方对问题进行交流，使客户认识到问题的重要性。

销售人员在了解到客户每天打扫工作的困难之后，就可以对客户提出："使用扫帚确实很不方便，因为扫帚的体积很大，无法伸进角落里，而且清洁能力比较差，对一些细微的灰尘，很难清扫干净。"

3. 暗示性话术（Implication）：引导需求

接下来要做的就是向客户暗示，让客户认为自己有某种需求，把客户的思路引导到对解决方案的探寻上来，这一步也是导入产品的好机会。

销售人员可以说："现在很多人已经开始使用吸尘器了，使用吸尘器打扫房间，效果非常好，它可以把一些细小的灰尘都清理干净，并且十分省力、方便。有了吸尘器，就再也不用为打扫卫生而烦恼了。"

4. 解决性话术（Need-Payoff）：给出方案

经过以上几个步骤的铺垫，此时客户已经对产品的使用场景和价值有了一定的了解，销售人员可以向客户推荐自己的商品了。

销售人员可以说："我们公司就有一款很不错的吸尘器，现在在网上卖得很火，得到的反馈意见也很不错。要不您试试？"

FABE法则：以利动人的说服术

　　FABE法则是一种流传很广的推销方法，它对方法的描述十分具体，具有很强的可操作性，因此受到很多人的欢迎。它通过四个关键环节，极为巧妙地处理了顾客关心的问题，从而顺利地实现了产品的销售。

FABE法则就是一套销售流程

　　FABE是四个英文单词的缩写，分别是Features（特征）、Advantages（优点）、Benefits（利益）、Evidence（证据）。

Features（特征）　　Advantages（优点）　　Benefits（利益）　　Evidence（证据）
列出商品的特征　　　说明商品的优点　　　分析客户的利益　　　销售给出证据

图4-5　FABE法则的四个流程

1. F：Features（特征）

主要包括产品的一些基本信息，例如材料、颜色、尺寸等，这是产品的独特属性。例如，在前面的例子中，我们提到的吸尘器，销售人员可以这样跟客户介绍它的特征："这款机器的颜色有紫色和红色两款，它有12L耐造金属桶，线长5m，功率1000W~1399W，非常适合家居使用。"

2. A：Advantages（优点）

产品的优点，也就是产品能够发挥的独特功能和长处，这是销售人员要向客户努力证明的"购买理由"。这些优点，可以在一定程度上满足客户的需求。销售人员可以将它与同类产品做比较，列出该款产品的优势。还以吸尘器为例，销售人员可以说："它有多种特殊吸嘴，可以轻松吸走角落、床上等各种区域内的灰尘"，或者说它"功率更大，能强力清扫每个角落"。

3. B：Benefits（利益）

销售人员要告诉客户，用了这款产品以后会有什么好处。利益推销已成为推销的主流理念，一切以客户的利益为中心，通过强调客户能够得到的好处激发客户的购买欲望。

4. E：Evidence（证据）

为了提升说服力，销售人员还可以将那些与产品相关的奖杯、检验报告、标准认证、实验视频等资料作为证据，向客户一一展示。

以利动人的FABE法则

通常，销售人员在向客户推销的时候，经常会听到客户说："你的产品有什么优点吗？""我为什么要买它呢？"所以我们要给出足够的理由说服客户。今天我们就围绕产品本身来进行分享，希望在思维上能给大家提供帮助。

在这种情况下，直截了当地说出其中的利益关系是最好的选择，它能有效地筛选出你所需要的目标客户群体。FABE就是这样一种典型的利益推销法，它通过对客户展示优点和利益，让客户心甘情愿地相信你，并且选择你推销的商品。

下面的案例，就是运用了FABE法则。

"您好，李女士，这是我们公司新出的吹风机，红色的圆筒造型相较传统吹风机而言更加独特和轻便，它采用了当前最新的专利技术，具有Air Amplifier气流倍增技术、智能温控技术等亮点。使用这款吹风机，只需3分钟就能把刚刚洗完的长发吹干。作为一款高端品牌产品，这款吹风机获得了红点设计大奖，并且销量火爆，绝对物超所值。您看您要不要也体验一下？"

产品的卖点，就是能够进入客户内心，符合客户价值的那个关键点，这就是产品的核心竞争力。同样一件产品，交给不同的销售人员，可能会获得不同的销量，其中一个很重要的原因就在于他们提炼卖点的能力不同。

— · 第五章 · —

说卖点：提炼产品的
核心竞争力

Alibaba

Sales Class

打动客户的关键价值点

如今，重视价值的传递已经成为销售行业的共识。然而，关于价值的组成要素或者说具体内容却很少有人能讲清楚。

销售为客户提供的价值的主要体现

众所周知，要想成为一名销售高手，就必须了解客户价值。而要了解客户价值，首先要站在客户的角度去思考问题。如果不能让客户满意，对不起，你的工作效果等于零，没有任何意义。

很多销售员喜欢说："我觉得这件商品非常好，客户一定会喜欢。"或者是："卖出去的东西，一定要先让自己满意，如果连自己都不喜欢，又怎么能说服客户呢？"这两种说法，都犯了同一个错误：用自己的观点去揣摩客户的心理。如果用这种逻辑方法去思考的话，销售工作大概率是会失败的。因为客户的想法千差万别，和你保持一致的可能只是少数人，所以你一定要做市场调查，弄清楚客户的真正需求，然后向目标客户提供商品。

销售为客户提供的价值主要体现为三个方面：功能价值、品牌价值和销售价值。

1. 功能价值

功能价值就是产品能对客户发挥什么作用，比如食品能填饱客户的肚子，汽车能让客户出行方便，而阿里巴巴为客户带来的则是便捷的商务。

2. 品牌价值

品牌价值是一种隐性价值，它代表的是客户对品牌的认可度，这是任何公司都会花大力气去打造的。

3. 销售价值

销售价值是客户对销售的认可度，在很多行业领域中，销售往往起到了很大的作用。

说到底，销售的任务就是向客户传递价值，销售新手往往犯的错误就是一味地推销产品，而忽略了价值的传递。

客户重视的价值的特性

那么，在现实生活中，有哪些特性对客户比较重要呢？主要有以下几点。

1. 高价值

能够打动客户的产品，通常都是高价值产品，它可以具有出众的性能，或者是漂亮的外观，又或者比较稀少，供不应求。真正的销售高手，大多都喜欢推销高价值产品，而且他们能够为客户提供高质量的服务，从而进一步提升产品的价值。

2. 低价格

低价格一直以来都是市场竞争的利器，低价格的产品也更容易提高销量。最理想的产品是高质量的同时，又能够保持低价格，这也就是人们常说的高性价比的产品。

3. 体验好

在激烈的同质化竞争中，用户体验成为决定销量的关键因素。例如互联网领域有很多聊天软件，仔细进行比较，可能发现它们之间的区别很小，然而一点点儿的差异，就会给用户体验带来极大的差别，最终导致市场大多被其中几款软件分食。

4. 可持续

评价销售能力的其中一项因素是客户的忠诚度。拥有客户忠诚度，就能形成源源不绝的成交量。与老客户建立更深、更持久的关系远比追求新客户能带来更大的利润，而这需要持久吸引顾客。

USP策略提炼独特卖点

　　销售人员都希望自己的推荐能够引起客户的响应，但是现实往往相反，很多时候销售人员说得口干舌燥，客户还是无动于衷。原因很简单，销售人员没有找到能够打动客户的卖点。

USP独特卖点

　　USP（Unique Selling Proposition），即独特的销售主张，由美国Ted Bates广告公司董事长罗塞·瑞夫斯（Rosser Reeves）在20世纪50年代创立的。他认为，USP是消费者从广告中得到的东西，而不是广告人员硬性赋予广告的东西。简单来说就是对产品或服务的特点进行总结，然后传达给客户，让客户有更深刻的了解，加紧下单购买。

产品独特价值　　━━━▶　　消费者利益

图5-1　USP策略路径

可以看出，USP策略的基本路径，就是把产品的独特价值转化为消费者的切身利益，这也是一个最简单的营销理论模型。只要销售人员能够把产品的独特价值展现出来，客户就会为了得到利益而主动购买，甚至是抢着购买。

USP策略的出现是市场经济发展的必然结果，随着经济的发展和生产力的提高，市场商品日益丰富，竞争也会越来越激烈，在标准化模式下生产出来的产品很难再让消费者感到满足，因此差异化营销成为企业主要的营销战略选择。而USP策略正好适应了差异化营销的要求，它充分考虑到了消费者需求的多样性和异质性。

USP理论需要紧紧围绕产品的特征展开，并结合客户的实际需求，这样才能发挥效果。它包含以下三条原则。

（1）明确。销售人员必须要向客户传达一个明确的信息，让他们知道用了这个产品之后会有什么好处，绝对不能模棱两可、含糊不清。

（2）独特。产品的卖点一定要与其他产品不同，方能给客户留下深刻的印象。

（3）强而有力。销售人员提出的产品卖点必须有广泛的认同感，能影响百万级的消费群众，必须是推动销售的强力决策，能吸引消费者购买。

没有哪个销售员可以一次就能找到USP卖点，这需要长期的训练，关键是掌握这三条原则。

好的卖点只需要一个

提炼卖点是销售工作的重点内容，根据上文所说的原则，找到独特的USP卖点之后，销售员可以集中精力宣扬这个卖点，并且要不断地强调。好的卖点一个就足够了，卖点太多等于没有卖点，因为说得太多反而让人糊涂，客户根本记不住那么多内容。

例如，推销一款洗发水，你只需要将重点集中在一点上就可以了，比如强劲去屑、中药护发、柔顺滋养等，其余的只需要稍微提一下。这样做的目的是强化客户对产品的印象。

因此，销售员每次只可以说一个卖点，要以这个卖点为核心来组织自己的语言和逻辑。要让客户清楚地了解，购买你的产品可以获得什么样的利益。你所强调的卖点是竞争对手无法提供的，针对这个独特的卖点集中进行宣传，以达到打动、吸引别人购买产品的目的。

准备一份Sales kits

Sales kits通常是作为一种辅助工具，帮助销售员打动客户，促成签单。如果没有Sales kits，销售员在上门拜访客户的时候，就只能靠嘴巴去介绍产品的卖点，而一份精心准备的Sales kits可以从视觉、听觉、触觉等方面打动客户，这会明显提升销售的成功率。

什么是Sales kits

Sales kits，即销售策划方案，是销售人员在上门拜访客户的时候，给对方展示的随附材料，包括夹页、目录、产品宣传册、影像资料、销售工具包和年度报表等。随着电脑的普及，现在的销售员都很喜欢用一份精心准备的PPT来当作Sales kits，但是其他材料仍然重要，综合使用可以让销售更顺利。

在实际生活中，很多销售员的Sales kits过于粗糙、简陋、不美观，连销售员自己都不愿意看，又怎么能吸引客户的兴趣呢？尤其是对那些经常做外销的人，或者是必须依赖当地的经销商时，Sales kits显得尤其重要。

关于优秀的sale kits和失败的sales kits的对比，具体内容见下表。

表5-1　优秀的Sales kits和失败的Sales kits

优秀的Sales kits	失败的Sales kits
逻辑清晰，围绕一个USP卖点进行讲解	展示的内容太多，没有重点
图文并茂，详细列出投资回报率等数据	只有文字描述，缺少内容结构
版式新颖，装订有质感	版式陈旧，所有产品共用一个版式
客观对比，介绍自家产品优势	编造数据，攻击竞争对手
符合基本的美学思维	设计能力较差，显得十分业余
从客户利益着手，讲述产品能为他带来什么	堆砌产品功能描述，以为东西好就能卖得好

一套合格的Sales kits通常包含以下四个要素。

1. 公司简介

包括公司的主营业务、发展速度、成绩、荣誉称号等。通过对公司的相关介绍，销售员可以向客户展示服务的潜力，以此暗示客户抓住时机，最好的成交时机就是现在，记住是现在，而不是"考虑一下""以后再说"。

2. 产品或服务

这一部分通常是客户最关注的部分，因此一定要设计得比较详细、精彩，图文并茂，列出相关的数据和表格。每个销售员都会把自己的产品说得完美无缺，但是客户并不知道你的产品和竞品有什么区别。拜访客户之前，销售员需要提前做好充分的准备，把产品的优点一一列出，并且围绕USP卖点进行讲解，解决客户最关心的问题。

3. 合作案例

列出公司的成功合作案例，尽量列举知名品牌的合作案例，凸显公司的分量。把自己产品达到的效果和竞对进行细致的比较和分析，把这些资料都放进 Sales kits，拿真实的案例和真实的数据说话，摆事实，讲道理。

4. 合作文件

包括合同文件、计划书等相关文件，以为接下来的签约做准备，尽量当场成交。同时也可以显得更专业，让客户安心。

用故事为卖点增添色彩

销售不仅需要掌握营销技巧，还要提高自己的情商和共情能力。有时候，讲好一个故事，就能吸引很多订单。

讲故事是销售的必修课

很多人认为销售总是凭借滔滔不绝的口才来欺骗客户，想尽办法占客户的便宜。

人们之所以对销售存有偏见，是因为销售不懂得拉近与客户之间的情感距离，在介绍产品的时候，他们只知道重复那几个卖点，目的性太强，客户一眼就能识破。

在客户眼里，销售就是一个负责说台词的而没有情感的工具人。

想要成为一名优秀的销售，首先你得学会讲故事。一个会讲故事的人，可以拉近与客户之间的情感距离。讲好一个故事可以让客户更容易理解卖点，并且有耐心继续听下去。

其实，故事真正感人的地方，往往是故事里的情感因素，而不是以理服人。故事往往通过一些起伏的事件，带动人们的情感起伏，最后让客户接受你要传达的道理。

那么，怎样讲故事才能受欢迎？关键在于引起客户的情绪共鸣。好故事总是声情并茂，有很强的画面感，这样才能吸引人。只有热爱生活，善于观察生活，并且具有很强的感性思维的人，才能得心应手。

销售常用的故事类型

讲故事是为了销售成功，而不是为了销售人员的表演欲望的满足。所以我们必须围绕产品来设计故事。唯有快速准确捕捉客户的心理需求，用故事对商品的USP卖点进行包装，满足客户的感性诉求，才能让销售工作事半功倍。

通常，销售常用的故事有七种：

1. 某位客户的成交案例
2. 客户购买后的使用感受
3. 关于企业的历史
4. 关于企业的愿景
5. 关于企业创始人的故事
6. 商品如何被发明的故事
7. 两种不同选择的故事

图5-2　销售常用的故事类型

（1）某位客户的成交案例；

（2）客户购买后的使用感受；

（3）企业的历史故事；

（4）与企业愿景有关的故事；

（5）企业创始人的故事；

（6）商品如何被发明的故事；

（7）两种不同选择的故事。

在设计故事的时候，销售人员应当结合自身的实际条件选择恰当的故事。如果你是一个小卖部的销售，就不要一直向客户介绍沃尔玛的成功案例，不妨从自身着手，讲一讲贴合实际的东西，例如其他客户的使用体验等。

在阿里巴巴，人们公认马云是最会讲故事的人。虽然他的职位不是销售，但他实际上是阿里巴巴最好的销售。普通的销售人员卖产品，而他通过讲故事卖品牌。

他非常喜欢在演讲的时候讲故事，例如面试失败的故事讲了很多次，一直讲到听众耳熟能详，但是每一次都能让人们听得津津有味。

例如，为了介绍阿里巴巴的作用，马云专门讲了一个与企业愿景有关的故事："我每次出去吃饭都不用自己付账。有一次我在餐馆吃饭，结账的时候发现账单已经付过了。服务生指着远方的一个人说，'他已经帮你结过账了'。他还给了我一张结账者留的字条，上面写着'非常感谢阿里巴巴，我凭借这个平台赚了很多钱，但我知道你没赚什么钱，所以这顿饭还是我请吧！'

还有一次，我在一个咖啡馆，有陌生人送给我一支雪茄，附上了字条，

'谢谢你，因为你的公司，我赚了很多钱。'

另外一次，我在入住酒店时，碰到的一个门童也对我表示感谢，他说'我的女朋友在阿里巴巴的平台上赚了很多钱'。"

只要会销售，就不必隐瞒缺点

世上没有尽善尽美的东西，人们总是要学会妥协。任何产品都有缺点，因为这个世界上根本不存在万能的产品，十全十美的东西只有在神话故事中才能找到。

产品有缺点是正常现象

很多销售人员在向客户介绍产品时，只敢谈产品的优点，不敢谈产品的缺点。如果客户问到，就打个哈哈糊弄过去，或者干脆回答"没有缺点"。他们心里想的只是尽快把商品卖出去，对于如何建立长久的客户关系则毫无头绪，于是向客户大谈该商品有多么完美，没有一丝问题。然而，该出现的问题的时候始终会出现的。当客户高高兴兴地把商品买回家后，却发现了商品的缺点，他还会继续信任销售人员吗？当然不会。

如果对方有成为长期客户的可能，销售人员不妨试着做个"老实人"，把产品的缺陷讲出来。这会为你取得更多信任，从而提高成交的概率。不过，运用此策略是有技巧的，主动暴露的缺点一定是次要的，属于"瑕不掩瑜"。如果该缺点是客户最忌讳的，就不宜使用该策略了。

小齐是一名销售员，他与普通人的销售方法不同。在与客户交谈的时候，他不会刻意隐瞒商品的缺点，而是从一开始就挑选他认为适合客户的商品，并且向客户详细说明商品的具体情况，比如这件商品的材质、做工、销量等，同时还会让客户了解当时的市场行情，以便让客户相信这确实是最适合他们的选择。

有时候，同事们会为他感到担心，因为他几乎把一件商品说得一无是处。然而，客户却往往感到非常满意，甚至会主动为商品说好话。就这样，客户在心里接受了小齐的推荐，迅速下单付款。

有些缺点是因产品自身条件所限造成的，市面上的所有同类型产品都有这样的问题，对于这种无关紧要的缺点，只要客户问到了，销售人员就可以承认，并且向客户做出详细的解释，让客户知道这是正常的。客户自然也明白这个道理，所以很多时候，遮遮掩掩不如坦诚以待，更能赢得理性客户的认可。许多时候，客户害怕的是"问题"这两个字，而不是问题本身，当他对问题本身有了深入的了解后，他会更快地做出购买决定。

真诚的态度有时可以产生奇效

在销售中表示出真诚的态度，可以让客户感到自己是受到尊重的，而信口开河则会让客户感到自己的智商受到了侮辱。究竟哪种方法更好？相信大家已经有了自己的判断。

有时我们认为好的卖点，往往经市场检验后才发现并不是卖点，联通CDMA早期曾将其产品定位于高端，与移动争抢高端市场，但是这个定位经过市场检验后应者寥寥。联通将CDMA定位于高端的原因，是他们认为"绿色健康"是其核心卖点，而高端用户会很重视绿色健康。

好在联通正视问题，及时调整定位，将客户群从高端下移，从而使其产品卖点真正凸显出来，赢得了市场的欢迎。因此，一旦发现产品卖点并不为市场接受，一定要敢于面对，敢于自我否定，重新寻找产品卖点，从而获得新生。

在聊天的过程中，销售人员可以对客户进行发自内心的赞美，但是不要为了赞美而说假话、套话，这种奉承并非发自内心，反而容易让客户产生反感。

销售人员要想走得更长远，就必须提升自己。而这一切的关键就在于"真诚"二字。真诚是做给自己看的，不是做给别人看的。做生意的第一原则就是真诚，买家按时付款，卖家保质保量地交货，双方都能从这一次的交易中获得利益，接下来才会建立长久的合作关系。真诚是连接人们心灵深处的桥梁。要想让客户对你说的话产生共鸣，你必须保持真诚。先感动自己，然后才能感动别人。

签单是销售的关键一步，如果不能签单，一切努力就都没有意义。要想达成这一步，销售人员必须学会一些谈判技巧，这样在遇到刁钻的客户时，自己才能应付自如。

—— · 第六章 · ——

促签单：掌控谈判进程，
当场就签约

Alibaba

Sales Class

大胆开出产品报价

在第一轮报价中，销售人员往往会把价格提高，为后续的谈判留出充足的空间，同时也是在筛选真正有意向购买的客户。

要有狮子大开口的勇气

有位朋友曾经跟我说："我喜欢去步行街旁边的批发市场里买衣服，那里的衣服质量都很好，价格也便宜。一开始标价很高，简直是狮子大开口，至少要砍到原价格的一半以下，售货员嘴里说着不愿意，其实多说几句就会同意了。"

这位朋友站在客户的角度上，说出了一个最经典的谈判道理，那就是砍价要用力，把价格尽可能地往下压，这样才能给自己争取到更多的利益。

因此，销售员要把价格定高一点儿。这样做的原因，总结起来可以归纳为三点。

1．砍价很容易，但是提价很困难

在谈判的时候，客户都希望把价格压低一点，再压低一点。假如你是一名销售员，一开始就给客户报出了低价，之后客户可能还会继续要你降价，也有可能直接买下，但是绝对不可能让你提价，"明明说好的价格，怎么能说改就改呢？"所以必须给自己留出足够的议价空间。

2. 客户需要通过砍价获得心理上的满足

你永远都不知道客户究竟想要多低的价格，客户确实希望用低价格买高质量的产品，可是这并不代表他喜欢买低价的东西，实际上他们更喜欢高价格的奢侈品，只不过迫于经济上的压力，不得不降低要求。给客户看高价格，实际上是为了满足他们的安全感，他们很明白"一分钱一分货"的道理。如果标签上的价格很低的话，客户肯定会认为这本身就是一件低劣的产品，就算买到了，也不值得高兴。

3. 客户都是买涨不买跌

很多销售员不敢定太高的价格，总是害怕高价格会吓跑客户。其实，客户的心理复杂得多，不仅仅是喜欢物美价廉这么简单。人们都喜欢"买涨不买跌"。就拿房地产举例，前几年房价很低的时候，买房的人很少，有些地方的房地产甚至可以说是快要绝迹了。但是近几年来，房子的价格像坐上火箭一样飙涨，然后出现了一大批的买房者，每个人都说自己是"刚需"。试想一下，房子价格低的时候，这些"刚需"们在哪儿呢？在其他领域，我们也可以看到类似的情景，一款新的产品出来了，厂家宣称它使用了××技术，获得了××突破，理所当然地把价格提高，然后销量上升。

告诉客户：价格很高，但是可以商量

开出高价，客户接受了当然最好，客户不接受也没关系，销售就是一个有来有回的过程。在谈判初期，我们并不了解客户，不知道客户究竟有什么样的需求，也不知道他们对价格的承受底线是多少。开出高价之后，接下来还要跟客户继续谈下去，不能把价格一口咬定，你要给客户释放一个信号：虽然价格高，但是他还有机会把价格压低一些，鼓励对方与你展开接下来的洽谈。

　　比如说，你负责销售一件产品，它的各项成本加在一起是1000元，但是在销售的时候，你给出的报价是2000元。客户看到这个价格，觉得价格太高了。这时你可以对客户说："您是觉得价格太高了吗？那么您能接受多少价位的呢？"客户说："我觉得1500元就已经很高了，没想到你卖的竟然要2000元，这实在超出了我的购买能力。"

　　通过这样的对话，你成功地了解到客户的价格底线，接下来就可以慢慢谈了。如果一开始就对价格做出硬性规定——非2000元不卖，不给客户任何讨价还价的空间，恐怕此时客户早已经离开了。

　　给产品定个高价，尽量提高利润，这似乎是一条人人皆知的法则，没有什么新奇可言。不过我们需要的是效果，只要是值得信赖的，我们就应该学习。即便是某些看似不能讲价的产品，销售们也会通过其他让利方式吸引客户，但是首先你得定个高价。

用专业性提升说服力

谈判是一门说话的艺术，懂得谈判理论的销售并不多，但是这并不妨碍他们获得成功。有工作经验的销售都知道，要想打动客户，就必须增强说服力，几句话就能说到别人的心坎上。

不要在自己的言语中留下漏洞

在谈判的过程中，有的人喜欢发表长篇大论，但是在别人看来，他们只不过是说了一大堆假大空的话，没有任何实际意义。

做销售切忌说没用的废话，尤其不能说漏洞百出的话，销量没上去不要紧，被客户笑话才叫尴尬。我们的时间是有限的，古人曾经说"立片言以居要"，要想说服对方，就一定要锤炼自己的语言能力，说话一定要直接明了、一语中的，几句话就切中要害，得到他人的认同。

我有一次去一家专卖店里买衣服，刚一进门，一个女导购就过来了，看上去不过20来岁。我看上了一件休闲衬衫，但是觉得价格太贵了，普普通通的款式，普普通通的材质，竟然比普通衬衫高出一倍有余。然而，当我说出了自己对产品的不满以后，导购员开始了自己的"持续轰炸"。她说的话太长了，我完全不知道她在说什么，但是其中一句我记得特别清楚，她说："我家的衣服价格都是在公安局备案了的，假如我随便改价格，到时候税交少了，那是犯法的。"我听到这句话以后，尴尬得不知说什么好。又聊了两句之后，我就出门了，当然也没有买下那件衣服，因为在我看来，这个女导购完全不懂得销售，和她谈判简直是折磨自己。

在生意场上，有些人总喜欢喋喋不休，却不注重语言的质量，把话说得很细致、很烦琐，多说多错，漏洞百出，让客户很反感。那些最有经验的谈判高手们，不一定都喜欢说话，有的人或许沉默寡言，半天也说不出来一句话，但是在关键时刻，他们总能一鸣惊人，把话说到点子上。

这种说话风格是智慧的体现，也透露出了销售员本人的个性，会赢得他人的钦佩。如果没有对此形成清醒的认识，不能提升自己的说服力，就会给客户留下业务不精的印象，或许十年以后，他仍然把你当成一个销售新人。

让客户知道你很专业

很多时候，谈判的结果往往与客户对你的印象有关。在客户面前，你应该化身产品专家，占据绝对的优势，因为大多数客户其实并不了解产品，也不了解该行业的业内情况。就算是刚刚入职三天的新人，也应该表现得比客户更懂行。比如，我们去医院的时候，不论医生为我们开出什么样的药方，我们都没有质疑的权利，只好照方吃药。如果你胆敢跟医生谈判说："亲爱的医生，我觉得我的病症里没有发炎的反应，这些消炎药是不是可以不需要吃了？"医生会用奇怪的眼神看着你，同时用不满的语气说："你是医生，还是我是医生？"

这种销售方法，其实就是心理学中的权威效应，又被称为权威暗示效应。

这种营销模式随处可见，例如去医院要挂专家号，购买理财产品时偏爱专家推荐的产品，这些行为的背后都有权威效应的影子。只不过对于不同行业来说，评定专家的标准不同。一个医生，可能要经过数十年的磨砺，才能成为领域内受认可的专家；一个设计师，也需花费多年的时间，才能在行业内占据话语权。

权威效应的其中一个重要原则，就是掌握话语权。当客户提出某种意见或看法时，销售员要有胆量指出其中的错误，然后把其中的道理分析给客户听，让客户知道你确实很专业。"顾客永远是对的"，意味着销售员什么也没说，因为销售员不敢指出客户的错误，也就不会给出任何有价值的建议。相比之下，客户更希望销售员能够给出合理的建议，让自己变得更理性一点。因为人们都有"安全心理"，总是认为权威人士才是正确的，听信他们的言论会让自己更有安全感，增加不会出错的"保险系数"。

使用肢体语言，增强个人魅力

肢体语言比任何话语都诚实，肢体语言更加直观，也更具有感染力。使用肢体语言，可以增强语言的表达力，以弥补有声语言的缺陷，从而可以强调自己想表达的意思。

肢体语言也是说服力的一部分

肢体语言不仅可以用于观察对手，还可以向对方传达信息。

人们平时都用有声语言互相沟通，从听觉层面传递自己的情感，但有声语言不是万能的，即便是语言学大师，也会有词不达意的情况。而肢体语言从视觉层面传递信息，所以两者给人带来的感受是完全不同的。

在交流的过程中，我们有时也会用肢体语言代替有声语言。例如，对方说出了自己的意见，你只需要用点头、摇头、皱眉等动作，就可以向对方传递出肯定、否定、疑问等多种信息。从这一点来说，肢体语言比有声语言更高效。

比如，别人向你问路时，你对他说："从这里向左走200米。"同时手指向左边，对方就会立刻明白你的意思。总之，肢体语言可以在谈判桌上向对方传递丰富微妙的情感，使谈判更具感染效力。

在使用肢体语言时，要充分考虑到对方的生活习惯，免得让对方产生误解。比如，我们中国人竖大拇指表示称赞，在美国和欧洲部分国家则有搭车的意思，在伊朗、伊拉克等中东国家则是一个羞辱性的动作。美国人在谈判时喜欢看着对方的眼睛，以表示真诚；而日本人则很不喜欢别人盯着他们看。

用肢体语言推进谈判进程

在谈判中，恰当地使用肢体语言，可以提升谈判的说服力，进而给自己带来优势，并且推动谈判的进程。

某位销售员曾在部队里当过兵，退伍后开办了一家外贸公司。多年的军旅生涯，使他养成了良好的习惯。他坐姿端正，从不弯腰驼背，尽管个子不是很高，却给人一种英武挺拔的感觉。有一次，他飞到美国与一位客户谈判，对方是个大客户，业务量大，在业内有很高的话语权。在谈判的过程中，客户提出了非常苛刻的条件，企图让他屈服。但是他始终不卑不亢，他声音洪亮，挺胸抬头，不时抬起胳膊，做出握拳和挥手的动作，看上去就像一头威严的老虎。客户被他的气势震慑住了。随后，客户主动降低了自己的要求，与他达成了谈判协议。

这个例子充分地说明了人的肢体语言可以发挥独特的作用，这是声音无法取代的。肢体语言有着丰富的表现形式和内涵，我们可以用各种肢体语言来影响对方，甚至操控对方的潜意识，使得谈判朝着自己想要的方向前进。仅仅是一个手掌心朝上的动作，就能让客户感受到其中的真诚。从心理学的角度来看，这或许是因为掌心朝上，意味着手中没有武器，因而会给人一种安心的感觉。

把截止期限设置得灵活一点

对谈判中的任何一方来说，截止期限都会对谈判产生巨大的影响，它就像横贯在田径赛道终点的那条彩带，提醒人们"这就是终点"，撞过这条彩带，你就是最后的冠军。

截止期限对谈判心理的影响

我们会发现这样一个有趣的心理，那就是在销售谈判的过程中，人们总是把眼光牢牢地聚焦在截止期限上，截止期限不到，没有人愿意轻易做出决定。假如截止期限就在眼前，而此时仍然没有取得任何谈判进展，人们就会变得焦急，买卖双方都会倾向于让步，很多时候会在仓促间达成协议。

对于销售双方而言，总会有一方处于优势，他有很多时间，今天签协议和明天签协议对他来说都一样。如果对方的时间比较紧，那他就会处于劣势，因为他们要承担时间带来的压力。谈判之前，上司可能就给他们下达了死命令，必须在规定时间之前达成协议。如果你是时间充足的那一方，你就可以故意不设置截止期限，逼着对方让步。

由此可见，我们确实可以利用谈判的截止期限来威胁对方。试想一下，当谈判期限越来越近，对方早已被不安和焦虑折磨得痛苦不堪，你却优哉游哉地对他说："不急，我们有的是时间。"双方的优势和劣势便一目了然。

阿里巴巴的销售们深谙此道，他们在遇到下单意愿不强的客户时，会马上提醒对方截止期限。一开始，客户并不会产生关注，但是随着期限的接近，以及销售的频繁暗示，客户内心的焦虑就会不断增加，最后不得不匆忙签订合同。

让截止期限为你所用

不止一个销售员抱怨："为什么我会输掉这场谈判呢？我都急得快要出汗了，可是客户却一副云淡风轻的样了，他们好像一点儿也不在乎，难道这是他们故意装出来的吗？"

这些可能是内心沉稳的人，心理素质很好，一般不会出现这种情况。如果出现了，原因可能有三种：一种可能是客户的演技很好，故意装出一副无所谓的样子，让销售员沉不住气；第二种可能是客户确实信心十足，有充足的谈判时间；还有一种可能是客户的计划非常灵活，可以随时调整截止期限。

生活中，无论我们做什么事，人们都会劝我们做好时间规划，在规定期限内完成任务。但是除此之外，我们还要做好预案。假如到了截止期限，谈判还没有取得进展，我们该怎么办呢？正如前面所说，有准备的肯定比没有准备的更占优势。

因此，一定要懂得灵活调整截止期限，让截止期限为你所用，而不是规定得太死板，那样很容易受制于人。要避免截止期限为对方所用，最好的办法就是不让对方知道我们的截止期限。要知道截止期限是人设定的，而不是自然形成的，只要事先准备充分，你完全有机会延长截止期限。

当然，截止期限也是有限度的，期限一旦决定，就不要轻易更改，在谈判中全力以赴。这样做有两个好处：一是提高效率，不会给人留下拖沓的印象；二是可以迷惑对方，让对方误以为你的时间有限，在截止期限到来之时，你再拿出备用时间，对方就会自乱阵脚。

涉及底线的问题是不可商量的

当客户涉及销售员的底线时，销售员要做的是既能拒绝买家的还价，又能让买家下单。这不是一件容易的事，语气不好会得罪客户，语气太好又会让客户以为你好欺负。

不要在底线问题上做出让步

底线之所以叫底线，正因为它是不可变动的。一件产品是有价格底线的，越过了这条底线，公司就要赔本，与其赔本，还不如不卖。所以销售员一定要坚守价格底线，不能轻易让步。

小张是一家化妆品店的营销经理，在行业里摸爬滚打多年。有一次，他去拜访一位客户。刚和客户见面，还没说上几句，客户就迫不及待地表达了自己的不满："你们的价格太高了，这么高的价格都够我从其他家买两件了，我的要求不高，你至少得打个五折吧？"看得出来，这位客户非常直接，开口就要打五折，这对任何销售而言，都是不可接受的。

着急砍价的客户，小张已经见了很多，但是这种情况还是第一次见。他心平气和地对客户说："我能理解您的心情，虽然我很想为您多争取些利益，可是您提的这个价格我是真的不能接受。我们的产品价格是由多方面因素决定的。我们公司每年都在质量和服务方面投入巨额资金，这些是其他厂家无法比拟的，所以我们的客户满意度是行业内最高的。您报的这个价位确实不现实。"

小张的回应不卑不亢，他没有直接对客户说爱买不买，而是有理有据地说出产品价格高的原因。客户虽然没有立刻表态，但是仔细考虑了之后，认为小张说的确实有道理，没过多久就签约了。

可能有人会说："很多公司刚开业的时候会发放补贴，他们不也是在做赔本的买卖吗？"要知道，他们并不是一无所获，付出成本的同时，也在短期内得到了大量的关注度，吸引了一大批新用户。等到用户足够多的时候，他们会再提高价格，把补贴的那部分赚回来。从这一点来说，他们其实并没有亏本。

既要拒绝要求，也要留住客户

最难的不是拒绝客户，而是如何确保在拒绝之后，客户不会离开。同样的一个"不"字，它通过什么样的方式传递给谈判的对方，结果是不一样的。如何在拒绝的同时，让对方觉得有道理呢？具体可以从以下几点着手进行。

1. 拒绝也要真诚

我们常说赞美一个人要真诚，其实拒绝一个人同样要真诚。当对方提出的要求涉及你的底线时，通常是一个比较过分的要求，客户本人或许并没有意识到，或许就是单纯地试探一下，此时你需要把真实情况说出来，明确告诉对方这个要求过分了，不可能答应他。

不要一开口就说"抱歉"。首先你的拒绝是完全合理的，你不欠对方什么东西，完全没有必要抱歉。其次，你的一句"抱歉"会使语言中的力量感大大削弱，让对方产生一种错觉，误以为是你的托词，这叫自贬身价，是最不该犯的错误。

2. 语气要坚决，但不要生硬

虽然用底线问题拒绝客户能够取得一定的效果，但并不是所有的人都会买账。要想提高拒绝的效果，就要做到语气坚决，但是不能过于生硬，生硬的语气会让客户心生不快，甚至会激怒客户。所以，要尽可能地保证语气柔和，让客户可以保持心平气和，思考过后还能有余地继续谈判。

3. 表示自己也在为客户考虑

这一条是拒绝的精髓，你要拒绝客户的提价，还要表现出"我会为你考虑"的态度。在客户面前，销售人员要做出"始终把客户放前面"的态度，表示自己也在为客户考虑，比如说自己很想为其降价，但是价格已经超过了公司的底线，公司绝对不会答应，自己也无可奈何。这种方式能够让客户感受到你是与他站在一起的，接下来的谈判就会顺利很多。

4. 间接拒绝客户

假如客户的态度非常强硬，或者情绪非常激动，销售员也可以使用间接方式拒绝客户，间接拒绝的效果或许会比直接拒绝的效果更好。销售员可以从产品的其他方面进行阐述，而不是直接提谈判价格，比如从与商品相关的费用出发，把这些都告诉给客户，让客户自己判断商品的价格是否合理。

一人唱红脸，一人唱白脸

谈判桌就像一个竞技场，买卖双方在其中进行博弈。有时销售是群体作战的，这时不妨扮演一场红脸白脸的戏，更容易让客户相信。

红脸和白脸：温和派与强硬派的结合

红脸白脸是一种很古老的战术，也是一种很常见的战术。我们大家或许都曾遇到过。其中一个人神情严厉，告诉你"不行"，正在局面僵持不下的时候，另外一个人出来充当和事佬。虽然你最终还是妥协了，但是至少心里会好受些。

在京剧里面，红脸是关公的象征，而白脸是曹操的象征，他们俩一个忠义，一个狡猾，所以人们一般把说好话的叫作唱红脸的，把说坏话的叫作唱白脸的。在谈判中，唱白脸的人总是先登场，他会拒绝你，告诉你绝对不行，而唱红脸的后登场，他会说退一步也可以。

跟白脸谈判，你不会取得想要的结果，因为他的任务就是拒绝你，让你遭受失败的打击，希望用这种方法让你主动降低期望。轮到红脸出场时，他会主动让出谈判的主导权，让红脸来做决定。红脸会为你说话，就像站在你的角度思考一样，他会说"那人脾气不好，你不要介意啊"之类的话，然后告诉你该怎么做。这就像父母教育孩子时一样，父母之间总会有一个人脾气比较大，孩子做错事的时候就骂孩子，而另一方则会出来劝阻，同时安慰孩子，告诉孩子"不要调皮，要做个乖孩子"等。

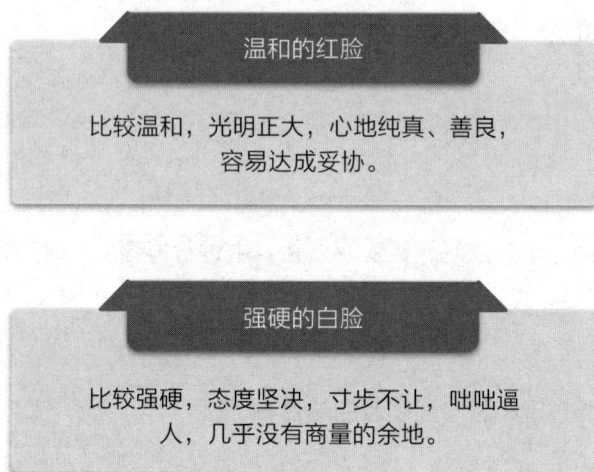

温和的红脸

比较温和，光明正大，心地纯真、善良，容易达成妥协。

强硬的白脸

比较强硬，态度坚决，寸步不让，咄咄逼人，几乎没有商量的余地。

图6-1 红脸与白脸

在销售的过程中，我们经常可以见到这样的场景：客户要求降价，销售人员却说"这是公司规定的，不能降价，我做不了主，得问问主管"。然后销售人员就打了个电话，跟电话里的人聊了几句，接着给顾客一个答案。其实，这就是让领导当红脸的经典场景。很多时候，客户甚至连对方的主管是谁都不知道。

谁来唱红脸，谁来装白脸

很多公司都喜欢用红脸白脸的战术来应对客户，这种战术具有天然的合理性，即"领导说了才算"，所以就算谈判最终失败了，也不会遭到客户的指责。从这一点来说，红脸白脸战术其实是在转移注意力，销售人员把拒绝客户的责任推给了主管，既能直接拒绝客户，又不至于让客户发火。那么在销售中，谁来唱红脸，谁来唱白脸呢？

用一句话就能说明白：谁出现的时间最长，谁就唱白脸。红脸的出场时间一定要短，这样才能起到一锤定音的效果。销售员扮演拒绝客户的白脸，而销售员的主管扮演做决策的红脸，这样一来，就算销售员说了客户不喜欢听的话，但只要换一个销售来就可以了。

但是凡事都有例外，假如两个人是平起平坐的，那就不存在上级和下级的关系了，这时又要如何分配任务呢？答案是看性格和习惯。性格好的人天生容易让人亲近，因此更适合唱红脸，而性格不好的人容易和人产生口角，最好少说话，直接拒绝就可以了，然后由性格好的人出来与客户谈判。在现实中，通常是老员工唱红脸，而新人唱白脸，其中就有这个原因，因为老员工控制情绪的能力比年轻人好得多。

一般来说，红脸白脸策略需要有两个人，二者分饰一角，共同完成这场大戏。也有些时候，一个人就可以既唱红脸也唱白脸。

美国历史上的传奇人物，亿万富翁霍华德·休斯有一次想购买三十四架飞机。起初，休斯亲自出马与厂商谈判，但是他的臭脾气让厂商难以忍受，合同怎么也签不下来，最后，休斯愤然离席，拂袖而去。休斯出师不利，只好找了一位代理人，替他出面继续谈判。休斯告诉代理人，只要能买到十一架，就算完成任务了。

出乎休斯的意料，这位代理人超额完成任务，居然把休斯想要的飞机全部买了回来。休斯十分佩服代理人的本事，却又感到疑惑不解，便问他是怎么做到的。代理人笑着说："很简单，每次谈判一陷入僵局，我便问他们：'你们到底是希望和我谈呢，还是希望再请休斯回来？’对方听我这么说，只好说‘算了算了，一切就照你的意思办吧！’我就这样把飞机买回来了。”

在这个例子中，代理人就同时扮演了红脸和白脸这两个角色，不过他是站在买家的角度，而不是销售的角度。总结起来，就是在对方清楚地了解到白脸可能带来的后果时，你可以一个人把红脸、白脸都唱了。

出手要快，看准时机就签单

有人说："我能言善辩，就是订单少。"对不起，你是个失败的销售。销售工作做得好不好，必须要用结果来证明，订单量就是你的成绩。

用1%的时间签订协议

正所谓迟则生变，签单也是一样。好的销售谈判都是在一瞬间达成协议的，这意味着在此之前双方就已经充分分析过利弊了，而且双方的提议不谋而合，既能保证自己的利益，又能充分照顾对方的利益，完全符合事先的预期。对这样的谈判而言，99%的时间都用来准备材料和制定协议了，真正签订协议的时间最多不超过1%。

我们会发现生活中有很多这样的例子，谈判双方基本不需要费什么口舌，问好价格之后，觉得合适，立马就下单了，而不是商量很久也没得出一个结果。相比之下，那些拖拖拉拉、不讲道德的销售方式极易引起客户的反感。

固定的思维模式不容易被打破，在业绩重于一切的商业氛围下，销售们似乎更喜欢打持久战，好好的一场谈判，能被拖延至无限长，丝毫不顾及客户的感受。他们不明白，"短平快"才是商业化的精髓。现在的消费主力人群正在逐渐向年轻一代转移，80后、90后乃至00后，他们从小就接受了正规的教育，重视规则和制度甚至超过一切。他们看重利益，同时注重效率，而且善于用理性思考，在走入商场之前，他们或许早已通过各种方式，对产品的方方面面进行了全面的调查。我们的谈判方法一定要随着时代的改变而改变，不与时俱进，注定会被社会淘汰。

四种经典的成交方法

在阿里巴巴，销售们通常会使用以下四种方法来促使客户尽快签单。

1. 请求成交法

如果销售进展得比较顺利，或者是关系比较好的老客户，销售员就可以直接对客户说："您看这产品挺好的吧？要不买个300件？"这是一种最直白的话术，利用各种成交的机会积极提示，主动向客户提出成交要求，努力促成交易。这种方法可以催促客户考虑要不要成交，不再让他继续拖延下去，但是对于陌生的客户，就要慎重考虑了。如果时机把握得不好，会给客户造成心理压力，容易导致沟通气氛不好。

2. 优惠成交法

如果客户显得有些犹豫，销售员不妨给点让利。这种方法简单有效，非常实用。大多数客户都存在这种贪便宜的心理，通过利用这种心理，投其所好，给予客户适当的小恩小惠，那样成交就会变得简单起来。销售员可以在很多方面给予优惠，包括产品的价格、运费、赠品、保修等。采用优惠成交法，能创造良好的成交气氛，使客户感觉得到了实惠，增强了客户的购买欲望，同时融洽了买卖双方的人际关系，可以促成大量交易，同时也有利于双方的长期合作。

3. 从众成交法

一般而言，大多数客户都有从众心理，看到别人买了什么，自己也会想要，而且买的人越多，客户就会越紧张，生怕落后于人。从众成交法正是利用了客户的这种心理，营造出一种众人争相购买的气氛，诱使客户签单。例如，销售员可以对客户说："刘先生，××品牌的××款手机很畅销，很抢手，现在很多成功人士都在用。"从众成交法用得好，可以大大提高签单效率。

4. 保证成交法

有时候，客户对产品和价格的信心不足，所以在签单的时候十分犹豫。这时，销售人员应当向客户做出保证，以便增强客户的信心。比如说："王先生，我向您保证，这款机器的质量绝对没问题，这个服务完全是由我负责，我在公司已经有5年了，卖出去很多单，从来没人给过差评。"保证成交法可以消除客户在签单时的心理障碍，增强签单信心，同时可以增强销售人员说服力以及感染力，有利于销售人员妥善处理客户对于成交的异议。

培养回头客，建立可持续性销售是非常重要的，它可以大大减少企业的运营成本，也可以让销售做得更轻松。所以，如何让客户的焦点转移到产品本身，培养更多的回头客，是我们需要考虑的。

—— · 第七章 · ——

培养回头客，做可持续性销售

Alibaba

Sales Class

客户关系管理：谈钱也要谈感情

对于销售而言，客户关系管理是一门非常重要的课程。擅长维护客户关系的销售，总是能够带来大量的回头客，从而有效提升销售业绩。

把客户当朋友，让客户习惯你的存在

在销售行业存在这样一种现象：同样的产品，同样的价格，同样的卖点，销售人员不同，销量也不一样。为什么最后客户总是不在你这下单？这背后的原因其实很简单——你跟客户的关系不怎么样。

销售人员和客户谈钱的时候，也要讲感情，把客户当朋友，才能让客户真正信任你。客户关系的维持比开发新客户要来得容易，也是我们完成工作经常要做的事。维护好客户关系，是件考验情商的事，但也有规律可循。从客户的开发、跟进到客户的关系维持，它是有一套系统的。只要掌握好几个技巧，你也能做到让客户乐意跟你打交道，并给你带来源源不断的订单。

维护客户关系，目的是让客户习惯销售员的存在，不会对销售员感到厌烦，而是当成自然而然，就像鱼离不开水一样。当客户习惯了销售员的存在时，就会在有需要的时候主动联系销售员。

作为客户和企业之间的联系人，销售员要经常为客户送去关心。偶尔遇到

阴雨天，可以发个短信，提醒他们下雨路滑，注意安全；遇到节假日，可以发条祝福的短信。但是也不要天天发信息，这样会让客户感到厌烦，最好保持一点距离，偶尔刷一下存在感就可以了。

客户关系管理的四个步骤

客户关系维护是一件非常细致的工作，需要勤动手，多记录，及时更新信息。从第一次接触客户，到后续的跟进、成交，每一个环节都需要用心去做。

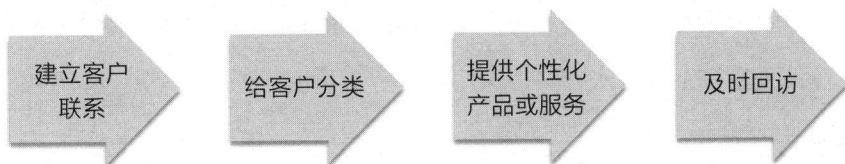

建立客户联系　　给客户分类　　提供个性化产品或服务　　及时回访

图7-1　客户关系管理流程

1. 建立客户联系

无论销售工作是否顺利，你都应该留下客户的联系方式，这一次没有成功，以后还会有机会。很多客户始终不愿意留下联系方式，这其实意味着几个问题，要么是客户觉得还不够了解你，要么是你没把话说到他心坎上，又或者是对方出于隐私的考虑，不想留下联系方式。遇到这种情况，你也不必勉强客户，你可以留下自己的联系方式，对他说："您可以留下我的名片，这里有我的联系方式，如果有疑问，可以随时打给我。"

2. 做好客户分类

根据客户留下的信息，对客户进行分类，你可以按照性别、住址、消费习惯等进行分类，记录核心信息，方便下次跟进时回忆。这样可以有效提升销售的工作效率，避免因为遗漏或遗忘而导致客户流失。你可以记在本子上，也可以在Excel中更新。

3. 提供个性化产品或服务

根据客户的信息和分类，销售员可以向每一位客户推荐不同的产品或服务。如果推荐的产品缺乏个性，客户的细分化需求就得不到满足，销售员就不可能把自己和竞争对手很好地区分开来。无法提升客户的满意度、忠诚度，持续发展就无从谈起。

4. 及时回访

这是销售工作的最后一步，也是很多人容易忽略的一步。对于一些重要客户，销售员要经常做一些回访，咨询他们在使用产品的过程中遇到的各种问题，然后提供专业的解决方案，并且及时记录下每次跟进的情况，以便更好地满足客户的需求。

卖"信任"胜过卖产品

客户天生对销售人员存在不信任感，所以那些能够获得客户信任的销售员，更容易获得成功，因此，卖产品不如卖"信任"。一流的销售员会和客户建立信任感，然后再去扩大销售业绩。

卖"信任"是企业的第一要务

马云说："大部分销售失败的原因，不是客户没有需求，你的产品不好，而是客户并不信任你。"因此阿里巴巴将客户的信任放在第一位，从成立至今，这一点始终没有改变。

在创业初期，阿里巴巴就面临着一个严重的信任问题。那时的电子商务正处于起步阶段，网上交易面临着严重的信任问题，人们担心付了钱却收不到货。因此，阿里巴巴专门成立了支付宝，解决了支付信任问题，为电子商务的发展起到了巨大的推动作用。

马云卸任阿里巴巴CEO时，演讲稿的题目是《因为信任，所以简单》，可见信任在阿里巴巴占有多么重要的地位。

当销售员获得市场的深度信任时，才能够获得订单呈爆发式增长的机会。相反，不信任会给销售工作带来巨大的阻碍，甚至成为最大的成本。

阿里巴巴的销售都非常了解这个道理，他们知道建立人际信任的成本其实是最高的，需要长期付出努力。同时管理层人员也会不断地思考给销售人员提供什么样的条件，才能让销售跨过人际关系的障碍，获得客户的信赖。

一流的企业会和客户之间直接建立信任，比如品牌就能够传达这种信任。这就是企业为什么要花巨资维系一个品牌的原因，品牌往往代表着一种价格，更代表着一种品质。这种和客户建立的信任，可以简化交易，降低交易成本。

对于很多管理规范的企业来说，现在获取客户的信任靠的不是销售人员的语言，而是建立让客户信任的机制，这是处理客户关系的一种升华。

诚信为本，绝不是说说而已

阿里巴巴是一家极其重视企业文化的公司，其中诚信又是重中之重，诚信是一道不可触碰的红线，任何人在诚信上有所亏损，都会受到极为严重的处罚。其中的典型案例是"月饼门事件"。

和许多公司一样，阿里巴巴每年在重大节日时都会为员工准备一些节日礼物。2016年9月12日，公司提前准备了一批月饼。这些月饼的造型非常可爱，受到大家的欢迎，不少员工希望再多买几盒送给亲朋好友，于是阿里巴巴把剩下的月饼放在了公司的内网上，每个员工都可以在内网上点击购买。有几名员工担心买不到，于是用电脑编写了一段代码，用技术手段去抢月饼，总共多刷了124盒月饼。

很快，阿里巴巴管理层做出了决定，对这几名员工予以辞退，给出的公告中，有一句话是这样说的："对外我们反击'黄牛'，对内我们不能自己成为

'技术黄牛'，武器没有对错，关键在于使用它的人。"

事情虽小，但是他们违背了公平公正的原则，违反了阿里巴巴的价值观，为此他们必须受到惩罚。

事情发酵后，阿里官方正式做出回应："安全部小二作为平台规则的捍卫者，使用工具作弊触及了诚信红线。今天这个引起争议的决定，让我们再次提醒自己和每个员工，游戏都有规则，偶然总有必然。无可奈何是因为万事都有底线。"

严查腐败，坚持公开、透明、开放

在待遇方面，阿里巴巴从不吝惜，只要员工有能力，就能得到丰厚的报酬。但是对于员工的腐败问题，阿里巴巴的政策是始终如一的："阿里在贪腐问题上一贯绝不手软。"为了打击公司内部的腐败行为，阿里巴巴设立了廉正合规部，人称阿里"锦衣卫"，其主要职能为腐败调查、预防及合规管理。

阿里巴巴廉正合规部独立于各业务线内审及内控部部门，只向集团CPO（首席人才官）汇报，调查权限上不封顶。该部门受理以下涉及员工违纪的举报。

（1）索取、收受贿赂；违规收受礼品或款待。

（2）违规投资、就职于阿里巴巴供应商、商家、合作伙伴等。

（3）泄露公司保密信息等。

（4）利用职权谋取私利。

（5）其他违反法律法规的行为。

在阿里巴巴集团官网上，点击"关于我们—诚信合规"，我们就可以看到

"廉政合规"的页面，文中有"系统：jubao.alibaba.com"的链接，点击即可来到"阿里巴巴集团廉正合规部"的系统端页面。

逐利是企业的本能，但坚守价值观才能走得更远。这就是阿里巴巴的特点，不完全以结果为导向，用心经营信任。

按照签单效率对客户进行分级

客户的签单效率是不一样的，有的客户能够快速签单，而有的客户即便软磨硬泡也不会签单，所以找到优质客户是提升销售效率的基础工作。

当你找到自己的客户名单时，不要急着前去拜访，应该先对名单进行筛选。根据客户的签单效率，我们可以将客户分为A、B、C三个等级。然后针对客户的重要性，分别制订拜访计划，这将决定你的成交率是1%还是50%。

表7-1　客户分级参考内容A类客户

评定项目	评定内容
销售总额	针对该客户的年度销售额总量有多少，交易是否稳定
销售利润	销售利润能否保证公司的正常盈利
货款回收	回款是否及时，是否有拖欠现象
订单计划	订单下单有无良好的计划性
沟通效果	销售人员与客户的沟通是否顺畅
人员回访	销售人员与客户是否经常联系

A类客户：优质客户，收益效高

这类客户通常是有资金，有需求，并且能够亲自做决策，因此可以在短时间内就做出购买决定。阿里巴巴对A类客户的评判标准是平均一个月至少成交一次，回款无障碍等，而阿里巴巴的销售还会根据自己的情况对评判标准进行调整，例如，有些绩效很好的销售员会把评判标准改为平均一个星期成交一次。

B类客户：普通客户，收益一般

此类客户在生活中是比较常见的，在需求、资金、决策这三个选项中，他们通常只拥有其中的两项，要么有需求、有资金，却没有决策的能力，需要层层上报；要么有需求和决策，但是缺少资金。

对于B类客户，销售员应当保持跟进，因为B类客户的条件很好，只要保持跟进，就有很大的概率从中发掘出A类客户。

C类客户：劣质客户，收益极低

这类客户是生活中的大多数，在需求、资金、决策这三个选项中，他们通常只拥有其中的一项，甚至一项都没有。此类客户的成交概率较低，但是也有一些仍然具备成为优质客户的可能性，所以销售员可以把他们当成替补队员，隔一段时间就跟进一次。

这种A、B、C客户的分类方法具有十分明显的好处，它可以让销售员用最短的时间明白谁才是自己的准客户，以及每个客户能够带来的业绩，从而确定接下来的重点接待对象。

针对A、B、C三类客户，阿里巴巴有清晰的接待原则，即"保A扶B放C"。在销售团队的工作中，每天至少要联系1名A类客户，用80%的时间和他们交谈、跟进业务，这些客户是阿里巴巴销售业绩的重要保障。剩下的20%的时间，在B、C客户中分别选择1名，作为替补客户，分别进行联系。

有效跟进客户，维护客户关系

经验表明，大多数销售员都有过跟进客户的经验，因为很多行业必须用这种方法才能签单。客户跟进的方法和技巧得当，可以大大提高业绩。

跟进客户的原因

通常，对于超市里的售货员来说，他们不怎么需要跟进客户，他们的工作地点非常固定，只需要守着工位，等待客户过来付钱就行了。然而，不是所有销售都是像这样工作的，还有很多销售需要四处奔波，主动向客户推销产品，阿里巴巴的销售就属于这一类。在早期的B2B（企业对企业之间的营销关系）业务中，阿里巴巴几乎完全依靠地面推广人员，采用非常传统的走家串户、四处拜访的方式，才为阿里巴巴积攒了一批宝贵的初期用户。

阿里巴巴的产品主要是软件，是可以让客户长期使用的，不是一锤子买卖，所以联络客户是必须要做的。跟进客户是提高业绩的重要方法，经过跟进之后，客户跟阿里巴巴的关系更加紧密，可以成倍地提高下单率。同时，跟进客户也可以让销售员获得成长。

除了那些事先就已经制订了明确的计划，对商品的取舍有着强烈的意向，比如说事先了解过你们公司和产品并且有朋友推荐的客户，很有可能会直接下单，其他大多数客户都是在跟进中成交的。尤其是在大宗商品贸易中，如果客户对你们没有足够的了解，肯定不会盲目下单，而要让客户了解你的基础就是你的跟进工作。

客户跟进的三个步骤

客户跟进的三个步骤的具体内容如下。

图7-2　客户跟进的三个步骤

1. 全面交换信息

在跟进的过程中，销售员一方面向客户介绍公司和产品的相关信息，另一方面也要了解客户的相关信息。销售人员首先应该对客户进行全方位的了解，各公司的组织结构不一样，销售员不能拿一套模板去套所有的客户。此外还要了解客户的个人信息，包括他的个人爱好、婚姻情况、子女情况以及他在公司的地位等。这些信息，销售员可以通过客户档案资料、公司外部关系人员等进行了解。

2. 确定跟进计划

获得了相应的信息之后，接下来要做的便是确定跟进原则、制订跟进计划。跟进计划中应当包括以下内容：销售员需要达成的目标，与客户沟通的方式，需要投入的资源、时间等。根据对跟进效率的预测，选择相应的沟通方式，比如面谈、电话、微信、邮件等。通常面谈更有机会成功，但是很浪费时间，一般只会留给重要客户。电话和微信比较轻松和随意，沟通时效性很高。如果你需要客户尽快做出回复，不妨采用这两种方式。邮件的成功率相对较低，但是适合大面积撒网。

3. 推进跟进计划

根据制订的跟进计划，一项一项地推进，使得整个过程得以有序进行。俗话说"伸手不打笑脸人"，销售员需要稳住客户的情绪，和他交朋友，这样他才会信任你，也更容易推进计划。即便在签了订单以后，销售员也还是需要一个很长的跟进过程，至少在成交以后再打三次电话，以便为自己培养一个忠实的老客户，这比开发两个新客户还要好得多。

不同类型客户的跟进方法

在跟进工作中，销售员可以根据客户的类型采取不同的方法。

1. 想要签单的客户

对于此类客户，销售员应当快刀斩乱麻，将其列为优先处理级别。销售员可以通过电话跟进、微信沟通，积极联系客户，取得客户的信任后，争取尽快让客户签单。

2. 犹豫中的客户

当客户处于犹豫中时，销售员要做的就是沟通和联络，不要过多地催促客户下决定。要使用不同的策略，千万不要在电话接通后，立即向客户推销产品，而是要与客户沟通，了解客户的真实想法，找到他们忧虑的原因，然后有针对性地采取下一步措施。

3. 没有需求的客户

这类客户可以放在潜在客户中，他们可能只是暂时没有需求，但是不代表永远不会改变主意，不要轻易放弃这类客户，而是应当和他们建立良好的关系。即便不是每天联系，至少也应该要个电话，加个微信，保持联络渠道的畅通，让他能够定期看到一些相关的宣传资料。

4. 需要售后服务的客户

这类客户通常是公司的老客户， 销售员要维护好与他们之间的关系，而且要注意听取他们的意见，并且提供力所能及的服务。

NPS：助力改善客户体验

要培养客户的忠诚度，首先要准确衡量客户的实际体验，这就需要一个衡量指标，NPS就是这样一种工具。通过密切跟踪净推荐值，可以让企业更加成功。

NPS能有效反映用户体验值

NPS（Net Promoter Score），净推荐值，是一种用来衡量用户体验的工具，把我们平常所说的口碑用数值的方式表达了出来。

通常而言，在街头发放传单的工作效率较低，很多路人不愿意配合做调查，因此也有很多人在电脑上使用NPS调研工具，效率会更高。

按照最终的结果，可以把打0~6分的人定为批评者，7~8分的人定为中立者，9~10分的人定为推荐者，推荐者的比例减去批评者的比例，就是一家企业的NPS。

根据NPS值的大小，我们可以清楚地看到，在批评者和推荐者中，究竟哪一方人数更占优势，分数为正表示愿意持续购买、加购或是做口碑的客户占多数，反映出客户体验较好。

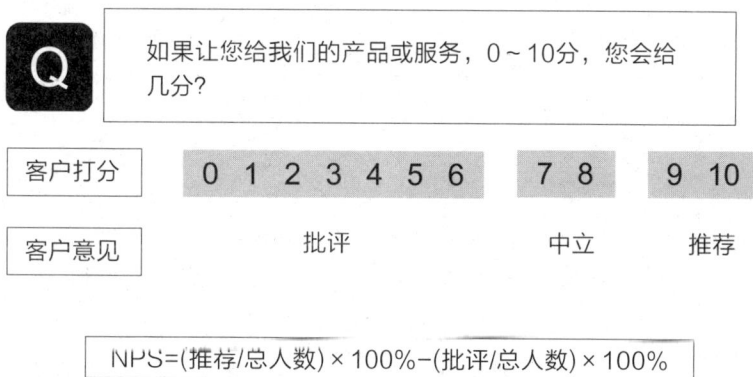

图7-3　NPS计算方法

一般而言，NPS值达到50%以上就是非常不错的，达到70%以上就说明企业已经拥有一大批忠诚度较高的用户了。

如何利用NPS改善客户体验

NPS可以为市场推广提供决策信息。很多创业公司缺乏销售经验，产品刚做出来，就迫不及待地进行推广和营销，但是效果并不好。这时我们不妨使用NPS进行测试。如果NPS是负数，说明接下来的营销工作必须进行改变，否则只会导致推广力度越大，市场口碑越差。正确的做法是，在产品投入市场推广之前，先在客户中做一个NPS测试，当分数为正的时候，再投入更高的市场推广资源，方能达到事半功倍的效果。

需要注意的是，NPS只是一个非常简单的模型，它并不能完全代替满意度的测量，它只能作为一种参考对象，让我们对当前的工作有个大致的评估。因此，要想改善客户体验，还要从多个方面进行。

在用NPS做调查的时候，客户只会根据自己的喜好，给出0~10分的数值，但是不会告诉你为什么会这么选，所以销售员还需要进一步挖掘，看看客户的真实想法究竟是什么，询问客户为什么不满意，或者对哪些方面感到满意。

多方位着手提升用户体验

　　用户体验是营销领域的重要内容，如果不能给客户带来良好的体验，这就说明营销工作是失败的。而销售员作为营销领域的从业人事，更加需要了解用户体验，并且努力将它做到最好。

购物体验是销售存在的价值之一

　　销售领域有一句非常著名的话：顾客就是上帝。这句话的意思当然不是说顾客就是上帝，而是说要把顾客当成上帝那样，去为他们提供优质的服务，尽量提升他们的购物体验。

　　有时，我们可能会有这样的经历：在网上看到一件很好的衣服，却不知道尺码是否适合自己；逛街的时候看见一款不错的鞋子，想试穿的时候店员却爱搭不理。你会十分感慨，这样的购物休验简直糟糕透了。

　　总之，用户体验是影响销售业绩的重要因素。虽然今天的互联网已经十分发达，电子商务也已经非常便捷，但是大大小小的实体店仍然存活，并且短期内看不到消亡的可能性，原因就是实体店在某些方面的体验是电商无法取代的。网店无法让顾客实际看到或接触到商品，就算用了3D眼镜和VR技术，也还是无法完全满足人的各项感官。而实体店可以做到这点，这正是实体店无法被取代的优势，这也是客户光临实体店的原因之一。所以我们会看到，如今还是有很多人愿意去实体店买衣服。如果不能为客户提供独特的购物体验，那跟到网店上买东西有什么区别呢？

所以，尽量提升客户的购物体验，是销售存在的价值之一。当客户在店里浏览商品时，销售员可以主动上前，让客户亲自试用、试穿，这样可以大大提高销售的成功率。

增强用户体验的三种方法

销售员要想改善用户体验应了解以下几点内容。

1. 销售员必须准确把握客户的需求

用户体验究竟有多好，取决于客户的需求有多高，只有事先了解这些信息，销售员才能尽量满足客户的需求。客户的需求往往是多方面的、不确定的，很少有客户能够非常精确地描述自己的需求，这就需要我们去分析和引导。销售人员应该从多个方面进行提问，再通过自己的观察，判断每个用户的消费潜力、文化背景、年龄结构，了解他们的个性化需求。

2. 销售员应该为客户推荐合适的产品

销售员的作用是为客户提供合适的产品，而不是"不卖最好，就卖最贵"。一般来说，客户对产品的了解肯定比不上销售员，销售人员应该利用自己的专业知识，为客户推荐最合适的产品，既符合客户的心理预期，又不至于超出客户的预算范围。你可以选择2~3个方案，同时把材料、功能、特点详细告知，让客户明白其中的差别，从而选择最适合自己的那一款。当客户买到了自己想要的东西，购物体验自然会提高。

3. 维护好老用户也能显著提高用户体验

很多销售员往往只重视开发新客户，却忘了维护老用户，其实老客户才是销售员应该重点关注的。维护老用户能够为销售员带来很多的签单机会，而且不需要花费多少成本，就可以让老用户获得良好的购物体验。你可以在逢年过节时发送一张电子贺卡，附上一句亲切的问候，也可以给重点客户打一个电话，像老朋友那样聊聊天，让对方体验到一种温情。

社群营销：线上线下一体化销售

说起社群营销，很多人都不会陌生。社群营销是销售的一种趋势，它将线上交流和线下活动联系在了一起，从而形成一种独特的购物体验。善于使用社群营销，可以帮助企业建立起庞大的粉丝群体，做好可持续性销售。

社群营销的思路

在2017年的云栖大会上，阿里巴巴集团学术委员会主席、湖畔大学教育长曾鸣在谈起新零售的趋势时说："互动会是未来发展的关键。所有新零售的创新，其实都应该是在提高实时互动的可能性、丰富度和效率。因为互动的加强，其实就是协同网络不断扩张的过程，这个非常重要。所以，我们需要的不仅仅是全渠道，线上线下一体化，同时，社群建设会是未来最重要的营销和品牌的载体。这一点，在过去两年网红经济的创新中我们已看得非常清楚。"

组建社群，目的就是让用户群体互动起来，成为活跃的粉丝，这样更容易培养铁粉。这些粉丝忠诚度极高，不仅会主动购买产品，还会帮助企业进行宣传。

传统企业的销售要向新时代转变，就应当借助互联网，学习社群营销的方法。社群营销的主要思路是：通过举办活动，用微信、微博、QQ群等社交媒体将粉丝聚拢在一起，然后针对粉丝提出的痛点对产品进行优化，生产优质内容，同时增加粉丝的福利，以便带来更多的流量。

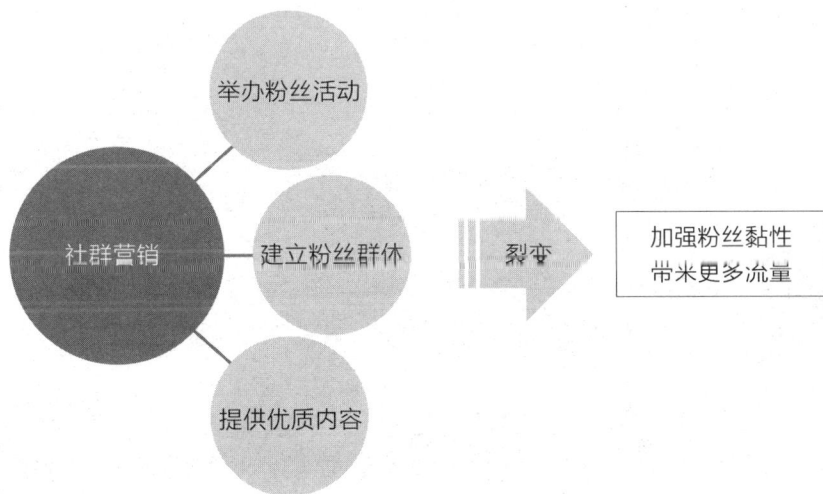

图7-4　社群营销的重点

社群营销的五种方法

1. 发起线下活动

销售员除了上门推销产品以外，还可以学习一下举办线下活动，例如关于某款产品的××交流会。线下活动是发起社群营销的必要条件，它能为销售的传播提供非常好的机会，如果线下活动办得火爆，还可以反哺线上社群，这是提高客户忠诚度的常用手段。

2. 分享知识见解

销售员也可以建立一个专业的知识型社群，每天发布一些相关的专业知识，为客户答疑解惑。同时，鼓励群成员之间分享自己的经验和成果，大家相互交流和学习。

3. 发起拼团活动

拼团活动也是一种很好用的销售方式，通过降低价格吸引客户拼团，并且让客户愿意主动传播拼团的消息，从而把相关信息分享给更多的人，可以迅速扩大销售额。

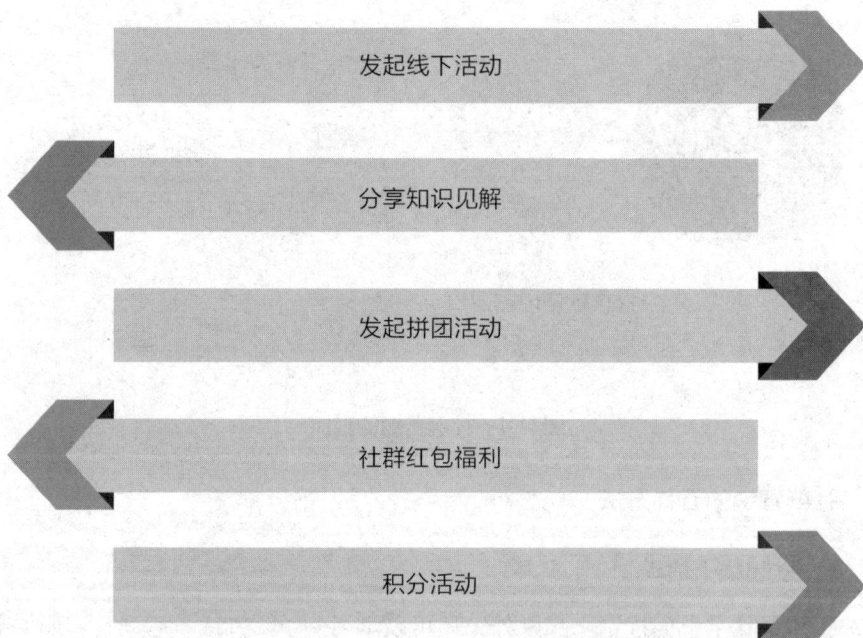

发起线下活动

分享知识见解

发起拼团活动

社群红包福利

积分活动

图7-5　社群销售的五种方法

4. 社群红包福利

发放红包是最简单有效的吸引人群的方法，建立一个红包微信群，向参与者发放红包或者代金券。不要一次性把红包全部发完，可以一次发几个，吸引群员出来聊天，隔两分钟再发一次，最大限度地激发大家的兴趣，销售员可以趁此机会宣传产品或者活动。

5. 积分活动

很多商家都会给客户办理会员，借此吸引长期客户。销售员可以根据会员近期的消费频率、消费金额等信息，对会员进行分组，从而制定针对目标会员的个性化营销。这样做的好处在于：确保活动满足会员真正的消费需求，营销效果有保证，而不是广撒网式的营销，浪费不必要的人力和物力。

马云说："管理是盯出来的，技能是练出来的，办法是想出来的，潜力是逼出来的。"管理者要刚柔并济，既能保障各项管理制度行之有效，又能充分调动每一位员工。用结果导向激发员工的士气，朝着共同的目标前进，这样才能创立一种机会和成长并存的环境。在这种环境下，每个人都想抓住机遇，努力提升销售业绩。

—— · 第八章 · ——

加强人才管理，打造销售
"铁军"

Alibaba

Sales Class

多管齐下，方能留下人才

人才当然越多越好，前提是善于管理人才。在这方面，阿里巴巴可谓经验丰富，他们擅长使用多种方法管理人才。

招聘天才，不如培育人才

商界人士通常都很重视学历，喜欢招收成绩优异、一教就会的天才，但是马云对这种看法很不以为然。马云曾经在演讲中说："我以前经常反对MBA，现在不反对。但他们刚来的时候，不要让他去做管理，可以把他们放在第一线去。有一些MBA来了阿里巴巴，我让他们去广东销售部做销售，6个月以后活下来的，你说任何话我洗耳恭听，如果你死了，see you next time（下次见）……所以，请来的MBA，你得让他到第一线去干；而企业内部的人，必须送出去学习，这样的体系和制度非常重要。"

总结起来，可以归纳为一句话：理论要和实践相结合。你可能是个读书的天才，但是在做生意这件事上，你可能只是个新手。

所谓的"精英文化"，在阿里巴巴很难得到多数人的认同，因为就连马云自己也不是工商管理专业出身，他原本只是一个英语教师而已。而在销售方面，阿里巴巴更不相信所谓的天才，没有经受过现实的洗礼，就肯定会跌跟头。与其费尽心力寻找天才，不如把精力放在培养人才上。

阿里巴巴非常重视发挥员工的才能，即便是一个平凡的人，也会得到应有的尊重，但是同时领导也会让他们不断挑战自己的极限。每年年末，各部门都要制定第二年的计划和目标，如果销售说第二年的计划是提升50%，那么领导就会鼓励他完成60%，当然达到预期目标之后，销售也会获得异常丰厚的奖励。

要想留住人，先要改变招聘策略

阿里巴巴虽然拥有一支业绩突出的销售团队，但是不得不面对其他公司都会遇到的问题——人才流失。为了解决这个问题，阿里巴巴的公司制度进行了一系列大改变。

一开始，他们把人才流失率纳入干部考核项目中，如果每个月的销售员工流失率超过一定限度，就算考核不及格。但是事实证明，员工该走的还是会走，不会因为领导的挽留而改变主意，因为他们离开的原因有很多，光靠嘴皮子是不可能解决这个问题的。

于是，阿里巴巴又从其他方面加以改变，第一条就是收紧招聘权。曾经担任阿里巴巴集团执行副总裁的卫哲说："很多企业在招聘这个源头最容易犯的错误就是：下放招聘权。这往往是一个公司人力资源管理灾难的开始。跨国公司最起码会坚持'跨级招聘'，就是向你汇报的人，至少你要负责。但很多企业连这个都没有做到。"阿里巴巴在这方面做得更夸张，有时甚至采取跨四级招聘。负责面试销售的，可能是一个大区的总经理。

在招聘的时候，人力资源部门只起辅助作用，最终拍板的是业务部门。业务部门对销售的要求很复杂，但第一条永远是"能吃苦"。因为销售就是一个需要四处奔波的行业，不能吃苦的人肯定做不好这份工作。

岗位双轨制：人才结构的多样化

马云把人才比喻成动物，他说公司里面要有各种各样的人才，这才是一家好公司，就像一家动物园，能够吸引游客的目光，如果人才结构很单一，那就变成了养殖场，就没有什么意思了。

人才的类型多了，就得分类管理，所以阿里巴巴制定了岗位层级，对员工进行管理。阿里巴巴的岗位层级分为两种，也就是广为人知的管理序列（M）和专业序列（P）。根据层级为员工定岗、定编、定价格，并规划员工的发展路径。从P6开始，二者一一对应，M1对应P6，M2对应P7，以此类推。具体内容如下表所示。

表8-1　阿里巴巴岗位级别

专业序列（P）	管理序列（M）
P1、P2低端岗位预留	不对应M序列
P3助理	
P4初级专员	
P5高级专员	
P6资深专员	M1主管
P7技术专家	M2经理
P8高级专家	M3高级经理
P9资深专家	M4总监
P10研究员	M5高级总监
P11高级研究员	M6副总裁
P12科学家	M7高级副总裁
P13高级科学家	M8 子公司CEO
P14首席科学家	M9集团CEO
不对应P序列	M10董事局主席，董事长

M岗，即Management，属于管理岗。此类人才大多擅长管理和协调，他们是各部门团队的领导者。阿里巴巴最早是做B2B起家的，那时就已经建立了先进的管理体系，并且设置了M岗，以便管理众多的销售人员。

P岗，即Professional，属于技术岗。此类员工大多擅长技术，但是不负责具体的管理工作。在从事P岗的人员当中，除了计算机人员以外，还有产品研发人员、网页设计人员、运营专家、市场专员等。

严格培训，提供源源不断的人才

很多企业中都存在这样一种现象：老板整天强调人才的重要性，HR也非常卖力地去招，但是人才还是很短缺。要解决人才短缺的问题，光靠招聘还不够，长远的办法是建立完善的人才培养体系，建立优秀的人才梯队，才能保证源源不断的人才供应。

"百年"培训计划

在阿里巴巴，人才被视为最宝贵的财富，因此，人才培训体系就成为阿里巴巴的重要组成部分。有人对阿里巴巴30年来的制度建设进行了一个总结：用培训来传授，用考核来落地，用战斗来深化。

阿里巴巴的培训体系可以分为四大类：新人系、专业系、管理系以及在线学习平台。从2005年开始，阿里巴巴就已经开始在内部开设培训课程，包括阿里党校、阿里夜谈、阿里课堂、百年大计、百年诚信、百年阿里等。

每一个系列的培训课程都会设置相应的考核，这叫作"有培训必有考核，有考核必有淘汰"。从培训阶段，就开始对员工进行筛选，不让不合格的员工带来损失。

这套"百年"培训体系成功地为阿里巴巴培养了无数优秀的人才，他们中的许多人后来成长为优秀的管理干部，有的成为优秀的销售人员，有的选择离开阿里，去了更广阔的天地。比如淘宝前掌门人陆兆禧，滴滴的创始人程维，美团前COO干嘉伟，大众点评的吕广渝，赶集网的陈国环等。也正是因为如此，马云骄傲地将其称为中国电子商务的"黄埔军校"。

ASK销售培训思想

阿里巴巴从多个方面对销售人员进行培训，形成了一套独特的ASK体系——Attitude（心态）、Skill（技巧）、Knowledge（知识）。

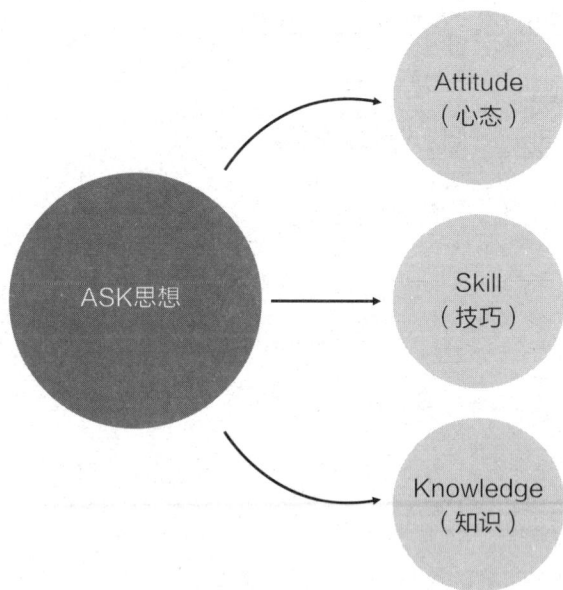

图8-1　ASK销售培训思想

1. Attitude（心态）

做销售必须有一颗强大的心脏，树立积极向上的心态，在紧张的环境下仍然保持镇静。你以什么样的心态去做销售，往往意味着客户会用什么样的姿态对待你。假如你是积极的心态，十分自信，那你在客户面前呈现的就是一个十分有感染力的形象，他会不由自主地对你产生好感。

2. Skill（技巧）

多学点销售技巧，可以帮助我们转危为安。销售中的战术可谓变幻无常，其背后隐藏的却是人与人之间的心理战术。最常用的销售技巧有：了解客户需求，让客户在关键问题上详细说明；确认客户问题，并且重复回答客户疑问；尽快催单，不给客户后悔的机会；等等。

3. Knowledge（知识）

除了销售技巧以外，销售员还应当学习一些基本的行业知识、产品知识等。销售人员对自己推销的产品的了解，在一定程度上显示了销售人员的敬业程度。精通产品知识是销售人员必备的素质之一。

以结果为导向，打造高效"铁军"

销售是一门用数据说话的职业，假如订单数量上不来，一切努力都是白费。因此，管理者必须遵循的有效原则是以结果为导向，打造一支高效的销售团队。

高效团队的特征

如何打造一支高效的销售团队？首先，我们必须了解什么才是高效团队。高效的意义在于：在同样的市场条件下，高效团队会比其他公司做得更好，在困难面前，他们能够随机应变，将危机转变为机遇。

高效销售团队的关键是看这支队伍是否具备应变力、执行力、沟通力，而这些又直接来自共同目标、强有力的领导、有效的内部沟通等。

相反，在一些低效团队中，往往存在诸多问题，例如缺乏统一的领导、没有团队凝聚力、权责不明等。

表8-2　高效团队和低效团队

高效团队	低效团队
队成员有共同目标	缺乏有效的领导
强有力的领导	没有团队凝聚力

（续表）

高效团队	低效团队
有效的内部沟通	权责不明
成员绩效最大化	缺乏良好的沟通渠道
员工有积极性	员工没有责任心
具有严明的纪律	缺乏创新精神
能够不断改进和创新	新成员无法融合
……	……

定目标，追过程，拿结果

为了实现结果导向，阿里巴巴制定了三个步骤：定目标，追过程，拿结果。

1. 定目标

国际管理大师彼得·德鲁克认为，管理人员应当学会通过设定目标，对整个组织进行控制。让员工知道接下来的任务和方向，知道自己要做什么，并且明确告诉他们，在结束之后他们能够拿到的结果是什么。用这种方式，实现两个效果：一个是激励，一个是控制。

在制定目标的过程中，要把目标量化、打散，先定年度目标，然后将目标任务拆分到各个团队身上，回顾月度进程。比如，在"双11"大促之前，销售经理要在部门内部举行一次动员大会，讲清楚在这次的"双11"活动中，到底要创造什么样的价值，预期目标是什么，解决路径是什么。

2. 追过程

为什么要追过程？因为定了目标以后，我们必须随时监督，及时发现过程中遇到的问题和困难，然后马上动手解决，让工作回到正常轨道上，保质保量地完成销售任务。如果发现实际销售比预期得更好，我们还可以对目标进行二次调整，同时加大考核力度，给员工更多的奖励，激发员工的热情。

3. 拿结果

拿结果是销售工作的最后一步，也是最关键的一步，所有管理者都必须为结果负责。在工作结束以后，还要进行总结，看看结果与预期有多少偏差。在团队内部，我们可以把各个阶段的KPI都列出来，让每个销售员都能清楚地看到工作结果。当结果产生以后，我们还要反思产生这个结果的原因是什么，它的行为计划是什么，这个行为计划产生的结果能否弥补目前出现的问题。

用阿里三板斧培养干部

说到人才培养，就不能不提阿里巴巴的三板斧战略。阿里巴巴将公司的管理层分为三个级别，分别是头部、腰部和腿部，每个层级的管理者都需要掌握三门功课，也就是三板斧。

图8-2　阿里巴巴三板斧

头部三板斧：定战略、造土壤、断事用人

头部管理者是公司的高级管理者，需要建立完善的体系，定方向和做决断。

（1）定战略：战略关系到公司的发展方向，定战略就是要设计和打造适应发展趋势和市场需求的产品。

（2）造土壤：人才的成长需要优良的土壤，头部管理者需要为公司制定公开透明的制度，营造稳定的增长区间和良好的团队氛围，从而让人才产生归属感。

（3）断事用人：这是头部管理者的核心工作之一，一方面要判断形势，做出正确的决断；另一方面要知人善用，还要用人所长。

在阿里巴巴的所有管理制度中，三板斧是完全土生土长的一套方法。它不是马云一个人的成果，而是整个团体的智慧结晶。当时参与开发三板斧项目的就有十几个人，每个人都从自己的角度，对这个项目提出了宝贵的意见和建议。正是这些高度概括、生动形象的管理技巧，让阿里的团队管理收获颇丰，打造了一只战斗力强悍的"铁军"，使得阿里巴巴成为BAT中最具生命力的一家。

腰部三板斧：懂战略、搭班子、做导演

腰部管理者是公司的中级管理者，他们负责将公司的战略转化为执行层面。

（1）懂战略：知其然，还要知其所以然，要将战略转化为执行，还要理解这样做的意义是什么，领会上级的战略意图。

（2）搭班子：腰部管理者的核心任务是配置资源，使得公司的资源能够得到有效利用。在此过程中，为了让信息得到有效传递，腰部管理者必须用能够让对方理解的方式。

（3）做导演：即根据公司战略做好角色分配和资源协调。

腿部三板斧：拿结果、招聘与解雇、建团队

腿部管理者是公司的基层管理者，他们通常负责具体的工作，推动任务的落地执行。

（1）拿结果：结果很重要，没有结果的工作就是白费力气。管理者必须告诉每一位员工：你的期望值是什么、员工在团队中的位置、怎样改进等。

（2）招聘与解雇：会招人，会开人，这是每一位管理者都应当具备的能力。

（3）建团队：团队建设不只是聚餐、旅游那么简单，最重要的是让团队围绕业务和客户，在实战中锻炼和成长。

"政委体系"助力"铁军"建设

阿里巴巴的独特性在于，它的企业文化和团队建设为它提供了强大的执行力，并且由此构建了它的竞争优势。

2004年，阿里巴巴B2B业务高速发展，人才不够用的窘境出现，迫使马云加速人才梯队建设，从而提升人力资源的配置效率。当时，《历史的天空》和《亮剑》这两部电视剧正在热播，马云看了以后，惊叹政委的力量那么重要，一支部队要想一直打胜仗，光是武器先进还不够，还得有思想建设。于是，马云借鉴了人民军队的政委体系，在阿里巴巴也建设了一个"政委体系"，他把重要的人力资源晋升成"政委"，让这些人管理人事的各个模块，并且为他们赋予了更重要的使命，那就是传承"铁军"的精神，以及关怀阿里人的成长。

表8-3 阿里"政委"与人力资源的区别

	阿里"政委"	人力资源
工作重点	思想管理	行为管理
主要抓手	干部管理、团队建设	绩效管理、制度建设
主要产出	忠诚度、幸福度、领导力	敬业度、满意度、执行力
奖励方法	精神奖励、物质奖励	物质奖励
特色工作	闻味道、照镜子	调研、组织诊断

阿里"政委"不仅具备HR的专业能力，进行组织诊断，发现并解决团队的问题，还是个有温度的HR，陪伴和跟随员工成长，有独立的思考和判断，敢于说真话、丑话。所谓的"闻味道"，就是要懂得望、闻、问、切，通过表面现象，发现组织内部的问题。而"照镜子"则是指认识真实的自己，既能看到优点，也能发现短板。

用待遇和福利留住人心

股权激励是一种留住人才的方法，被众多互联网企业采用，阿里巴巴也不例外。阿里巴巴集团很早就发展了自己的股权激励制度，经过长时间的发展和完善，形成了一套独具特色的股权激励体系。

阿里巴巴股权激励体系

销售是一门非常消耗耐心的工作，很多销售员在刚刚入职时有满腔的热情，但是工作一两年以后，工作热情就被逐渐消磨光了，业绩增长会迅速减慢甚至下降。因为他们的付出和回报不成正比，只能拿微薄的工资和提成，所以没有对公司长期效忠的准备。

要想留住人心，让员工保持激情，股权激励是一个十分有效的办法。

为什么阿里"铁军"会有这么强悍的战斗力？其中一个非常重要的原因就是阿里巴巴提供的待遇很好。阿里巴巴推行以公司目标为导向的股权激励计划，让所有员工都享受到公司成长带来的收益。

阿里巴巴很早就开始实行股权激励了，在蔡崇信的帮助下，马云和仅有的十几名员工一起，签订了十八份符合国际惯例的股份合同，这就是"十八罗汉"的故事。后来，阿里的这项股权激励制度被保留下来，并且逐步完善。

　　如今，在阿里巴巴集团的股权结构中，管理层、雇员及其他投资者持股合计占比超过40%。授予员工及管理层的股权报酬包括了受限制股份单位计划、购股权计划和股份奖励计划三种。在阿里巴巴2018年发布的一份季度财报中，有164亿元被用于股权激励，这在中国互联网企业中是绝无仅有的。高额的股权激励，让阿里巴巴的员工不再是收入微薄的上班族，而是成为阿里巴巴的"合伙人"。

　　阿里巴巴的股权不是随意发放的，而是"受限制股份"。阿里巴巴的员工每年都可以得到至少一份"受限制股份单位"奖励，数额大小因职位、贡献的不同而存在差异。但是员工获得受限制股份单位后，入职满一年方可行权。而且阿里巴巴股权的发放是分4年逐步到位，每年发放25%，这使得员工手中的持股数量会随年份的增长而滚动增加。这种滚动增加的方式，使得阿里巴巴集团的员工手上总会有一部分尚未行权的期权，进而帮助公司留住员工，同时也能防止员工拿到股权以后产生懈怠心理。

多种多样的福利体系

　　阿里巴巴建立了多种多样的福利体系，让员工的衣食住行都能得到照顾，从而摆脱生活和家庭的后顾之忧。总的来说，可以分为财富保障、生活平衡、健康保障3大类，共27个项目。

1. 财富保障

（1）社会保险

公司为员工缴纳养老、医疗、工伤、失业、生育保险，给员工提供安心的社会保障。

（2）住房公积金

为帮助员工减轻住房压力，阿里为员工缴纳最高比例的住房公积金，在员工有购房消费需求时，住房公积金可以帮助员工圆住房梦。

（3）蒲公英计划

秉着"我为人人、人人为我"的互助精神，阿里设立自己的公益基金，将在员工及家庭（配偶、子女）面临重疾、残疾或身故的时候给予最高20万的经济援助。

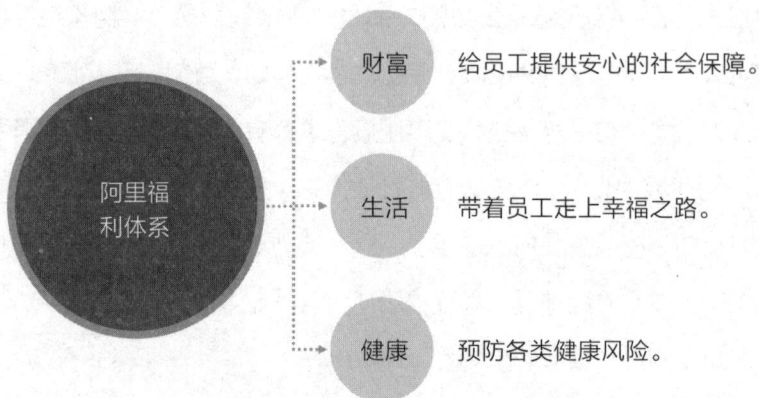

图8-3　阿里福利体系

（4）彩虹计划

为了帮助那些遭遇重大自然灾害、突发事件或重大疾病等不幸，而导致有较大生活困难的阿里人，公司将给予一次最高5万元的援助金，与员工及家人一起共渡难关。

（5）iHome置业计划

iHome可以帮员工分担首付的压力，最高可申请贷款30万，圆你一个住房梦，让员工在这个城市拥有属于自己的家，一盏属于自己的灯。

（6）小额贷款

在员工结婚、装修、买车、旅行、培训等综合性消费需要贷款时，与商业银行协议提供优惠的小额消费贷款，解决员工临时的资金困难：利率打8～8.5折，无抵押，手续简单，时间短。

2. 生活平衡

（1）集体婚礼

一年一度的集体婚礼，是阿里巴巴的传统，也是阿里巴巴汇聚爱、传递爱、感受爱的特殊方式。所有结婚登记日期在上一年4月10日～本年4月10日范围内的员工都可以参加，CEO主婚，CPO证婚，全阿里人观礼……相爱的人在这天结合，一直到老。

（2）阿里日

2003年的5月，有这么一群人，在非典横行肆虐时，自行隔离，用爱联结，众志成城。为了感恩家人的亲情，为了传播无处不在的爱，为了纪念阿里人战胜任何困难的激情和信念，公司将今后每年的5月10日定为"阿里日"。这是一个纪念情、传承情的特殊节日，阿里员工可以携家人、带宠物到公司狂欢：游园、高管接待、COSPALY……

（3）年陈

每个人在阿里都会过两个生日：一个是出生的日子，一个是进入阿里的纪念日。酒，愈久弥香；人，日久情深。每一个阿里人都会经历一年香、三年醇、五年陈……

（4）中秋礼包

每年中秋佳节，给员工提供具有阿里巴巴特色的月饼礼盒，让其与家人共度佳节。

（5）带薪假期

为了保障阿里人的工作与生活平衡，提供了多样的带薪假期：如年休假、病假、孕期检查假，同时也享受法定的产假、陪产假、婚假、流产假等。

（6）年休假

试用期即可以享受年假，第一年、第二年是7天，以后逐年增加2天，最多15天。

（7）特色路途假

为方便员工探望异地的父母、配偶，公司每年提供一次最长3天的路途假，让阿里人与家人享受更多的家庭时光。

（8）团队建设及外出游玩

每年一次的外出游玩及丰富多彩的团队活动，促进阿里人更好地提升团队间的配合、组织优化，更有效地推动公司发展。

（9）孕妇休息室

为准妈妈提供舒适隐秘的休息室，有舒服的沙发，有用心的布置，让大家一起期待宝宝的到来。

（10）员工餐饮

舒适的就餐环境，营养膳食搭配，为方便员工用餐，办公区基本上都有餐厅；同时，公司会提供午餐补贴、免费晚餐，每晚10点为加班员工提供温暖的夜宵。

（11）幸福班车

提供往返杭州和上海的免费幸福班车，每周五和周一将会准时带着员工踏上幸福之路。

（12）健身房

专业的健身器具、多种健身方式，共建员工的身体健康。

（13）iBaby子女教育

为阿里人子女入学道路上提供政策咨询、及时有效的教育资讯传播，为最终进入竞争激烈、资源紧张的教育市场保驾护航；解决困难子女的学前和小学教育的问题；与民办幼儿园达成合作，解决大部分员工来杭读书，消减员工的后顾之忧；定期开展育儿培训、组织亲子活动、制作亲子杂志等丰富的员工活动。

3. 健康保障

（1）年度体检

为阿里人提供一年一度的身体健康检查，全面检测大家的身体状况，尽早预防各类健康风险。同时还为家属提供了阿里折扣价，与员工一起关注家属健康。体检中期会邀请专家上门解读，让体检不再只是一种形式，全面关注阿里人的身体动态。

（2）身心健康热线

特聘请资深全科医学专家、国家级心理咨询师，在阿里人有需要的时候提供一对一的电话咨询和辅导，在绝对保密、保障隐私的基础上，帮助员工解决身心问题。

（3）孕期关怀短信

当员工开始孕育新的生命，惊喜之中会伴随着紧张与无措，但不用担心，阿里为准爸爸、准妈妈及新爸爸、新妈妈准备了孕期关怀短信，将陪伴他们一起呵护生命的成长。

（4）健康大讲堂、沙龙

邀请行业内资深专家或知名人士，为员工及家属提供疾病防治、职场压力、亲子教育、婚恋家庭等一系列的身心健康精品课程或沙龙。

（5）补充医疗保险

公司为阿里人购买了综合医疗保险，门诊、急诊及住院费用可以根据药品种类按相应的比例进行报销，从而减轻员工的医疗负担，让健康无后顾之忧。

（6）补充生育保险

女员工在生育宝宝后，还可以享受公司给予的100%合理生育报销。

（7）重疾就医协助

一旦确诊重大疾病，阿里将最大限度地帮助员工解决就医通道、疾病解读、预后评估等生理协助；并有资深心理专家为员工及其家人共铸心理桥梁，共渡难关。

（8）健康服务中心

为阿里人提供常见疾病咨询、药品管理及其他健康服务，这里是员工健康的大本营。

杀掉"野狗"和"小白兔"

管理员工必须恩威并施，优秀的人才应当得到奖励，能力不足的员工则要受到一定的惩罚，这样才能保持公司的战斗力。阿里巴巴也不例外，对员工的考核一向非常重视。

阿里巴巴的人才四象限

阿里巴巴将人才考核分为两个层面：业绩和价值观。业绩自不必说，每个人的销售额都是实打实的数据，十分明确。价值观也是阿里巴巴关注的重点，从早期的"独孤九剑"，再到"六脉神剑"，以及现在的"新六脉神剑"，阿里巴巴是一家极其喜欢谈论价值观的公司。

在绩效考核制度中，阿里巴巴将价值观纳入考核之中，与业绩各占50%，依此来对人才进行筛选。

根据业绩和价值观，阿里巴巴用四象限的分区方式，将员工分为五个档次：明星、牛、狗、野狗和小白兔。

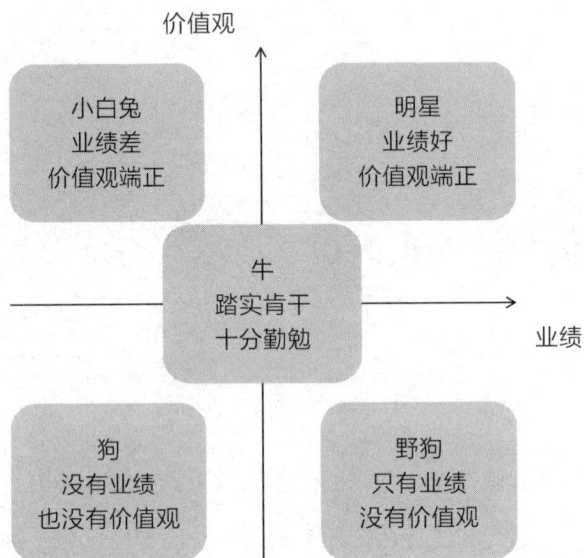

图8-4　人才四象限

　　"明星"的业绩很好，价值观也很端正，是公司不可多得的人才，最具有发展潜力。

　　"牛"是大部分人的状态，价值观和业绩都处于中庸水平，但是勤勤恳恳，踏实肯干，是公司的主力人群。

　　"狗"既没有价值观，也没有好的业绩。通常不需要驱赶，自己就会乖乖离开。

　　"野狗"的业绩很好，但是没有价值观，属于危险人才，他们很可能会对公司反咬一口。只要让一只"野狗"存在，通常就会招来一大群"野狗"。因此这样的人是留不得的。

　　"小白兔"是价值观很端正，但是没有业绩。公司可以给"小白兔"成长的空间和时间，但是事实证明，大多数"小白兔"都不会变成"牛"和"明星"，而是会变成"大白兔"。"大白兔"会对公司的资源造成更大的消耗，只能淘汰掉。

"271"原则考核员工

在任何一家公司，都会有优秀的员工，也会有平庸的员工，公司必须在绩效考核上加以区分，让能者多劳，方能体现出公平性。

通用电气（GE）前董事长兼CEO杰克·韦尔奇提出了著名的"活力曲线"，将公司内部的员工划分为A、B、C三个类型。

A类员工：占总人数的20%，是公司最优秀的人才，这部分员工会享受最高的薪酬福利待遇，并且享受完善的培训计划，发展空间十分广阔。

B类员工：占总人数的70%，是公司的合格员工，他们占据了公司的主体，决定了公司的整体战斗力。这部分员工同样可以得到培训与提升的机会，同时，公司会激励他们通过自身的努力成为A类员工。

C类员工：占总人数的10%，他们是表现欠佳的不合格员工，通用公司规定，这部分员工可以有3~6个月的调整期，如果还是不能适应公司前进的步伐，就要面临被辞退的危机。

阿里巴巴在"活力曲线"的基础上进行了调整，规定了一条"271原则"：20%超出期望，70%符合期望，10%低于期望。按照这个原则，阿里巴巴的员工有20%会被划分在优秀员工的层级，他们将成为所有员工的楷模，他们拿的奖金和工资是最高的，以此吸引其他员工向他们学习。这些员工不但在业绩上有着非凡的表现，同时也是阿里巴巴核心价值观的实践者。阿里巴巴将他们视为公司的骄傲，不断提拔他们到重要岗位。

最后那10%的员工则会面临降级降薪，甚至裁员的命运。这些人的能力未必不强，只是在他们所处的团队中，或许有太多优秀的人才，相比之下，他们身上的光芒显得黯淡了许多。阿里巴巴认为，他们在价值观和个人能力上必有一项不合格，因此不适合留在阿里巴巴。

独特的末位淘汰制

阿里巴巴对员工的考核极为严格，所有员工每个季度都要参加业绩、价值观的双重考核。处于末位的人员，将会面临被辞退的危险，这就是末位淘汰制。

起初，阿里巴巴只建立了KPI考核制度，却并没有采用末位淘汰制，希望用这种方式督促员工，同时又不至于给员工造成太大的心理压力，但是随着时间的推移，完全依赖KPI制度的弊端逐渐显现出来。马云在一次谈话中说："我看到我们这家小公司有了一些大公司的弊病，比如出现了浪费，甚至出现了官僚作风和形式主义。我们的KPI文化越来越强盛，一切都以KPI为主，缺乏协调性。我们希望以结果为导向，但是过多以成果为导向，文化就会被稀释。"

于是，阿里巴巴引入了末位淘汰制。末位淘汰制带来的危机感，给公司里的所有销售都提了个醒：如果工作热情消失，就有可能成为最后一名，那时你很可能会被淘汰出局。每个人都会为了不成为最后一名而努力工作，积极性得到了大幅提升。但末位淘汰制的缺点也很明显，如果不分时间、条件、对象滥用此制度，反而会使员工压力过大，降低绩效水准。事实上，很多著名的大公司都因为采用了末位淘汰制，而给人们留下了冷酷无情的印象。

为了减少末位淘汰制的不良影响，阿里巴巴做了一个特殊的规定：因为末位淘汰制被解雇的员工，在三个月之内还可以重新返聘回到公司。也就是说，员工拥有两次机会，一次被淘汰之后，还有第二次机会，只要他们的条件达到了阿里巴巴的要求，并且能够说服面试官。但是任何人都不会有第三次机会，假如再次入职后又被淘汰，以后就会彻底远离阿里巴巴，不会再有重新入职的机会了。

这比传统的一刀切要高明得多，被返聘的资深员工毕竟在阿里巴巴工作过，熟悉企业文化与业务，比新人融入得快。如果通过返聘重新进入公司，就会比新员工更快地进入状态。

每次销量不好的时候，销售员总是能够找出一大堆理由：天气不好，没有客流量；供大于求，市场行情不好；客户没有心情……数据化管理可以排除这些干扰性因素，直达问题的核心。数据化管理已经成为现代企业管理的核心内容，也是销售部门的重要工具。

—— · 第九章 · ——

数据化管理，完成销售升级迭代

数据让销售更专业

销售需要和客户打交道，同时也是在和数据打交道。分析销售数据，是每个销售人员都应当掌握的技能。如果不会做销售数据分析，就只能算出一笔糊涂账。未来，销售将与数据息息相关，学会了解并利用数据，才是销售的转型之路。

数据究竟是什么

这是一个数据化的时代，人人都把大数据挂在嘴边，但是真正了解数据的重要性，并且能够灵活使用数据的人却很少。

百科词条对数据给出的定义是："数据（data）是事实或观察的结果，是对客观事物的逻辑归纳，是用于表示客观事物的未经加工的原始素材。"

简化一下：数据是一种信息资产，需要进行加工。

将数据用于销售领域，原理就是通过收集客户、市场的信息，然后对其进行分析，知道某个区域内的用户最喜欢的是什么、最需要的是什么等。然后锁定目标用户，为他们量身打造销售策略，以便提升销售效率。

随着社交网络的发展，人们的信息交流更加方便，所以互动性会提升，二者是线性的关系。销售员可以比以前更方便地收集数据，而数据又是与商业密不可分的，有了数据就能分析、预测客户的喜好。

阿里巴巴旗下的盒马鲜生，就是利用大数据，把"人""货""场"联系到一起，能够精准掌握消费者的需求，反向驱动商品采购、加工、配送的闭环形成。只不过盒马鲜生是企业的销售模式，而不是某一个销售员的个人行为。

数据对销售员的意义

简单来说，熟练掌握数据分析方法，对销售员主要有以下几种好处。

1. 帮助销售员获得更精准的市场数据，制订更注重结果和行动的销售计划

用数据说话，是一名合格的销售员的职业素养。尤其是像阿里巴巴这样具有代表性的互联网公司，对员工的要求就更高了。在阿里巴巴，销售员从前期制订年度计划，一直到年度总结，必须将一年的工作成果用数据清楚地表现出来。

2. 制定更贴近客户需求的产品销售方案，获得客户的青睐与信任

学会利用数据分析，可以对销售工作成果进行总结，让销售员能够以更清晰、更宏观的视野去看待市场，提升销售人员对市场动态的掌控力。

3. 帮助销售员发现潜在的新客户、新市场

通过对数据进行处理和分析，我们可以发现产品在市场上的销售分布，找出那些呈现出异常状态的地区市场，这些市场往往具有很大的潜能。

4. 让销售员显得更专业

学会使用Word、Excel、PPT等办公软件，把数据排列成清晰的图表，然后在开会的时候拿出来，可以让销售员看上去更专业。

数据带来的是生产力的巨变，当我们习惯了用数据来验证销售方案后，就会发现数据可以带来更多的想象力。每一次的决策和营销都辅以数据为参考，并持续地丰富数据，获取更多的积淀，就能够形成销售的迭代升级。

常用的几种销售数据

销售员最关注的数据就是销售的完成率是多少，这反映出销售员的个人能力。我们可以将其细化分为以下几个方面，分别进行考察。

1. 当日整体业绩

对每天的销售数据进行整理，计算当日业绩的达成率，计算方式是：

$$当日业绩达成率=当日业绩/日计划业绩×100\%$$

线下销售的数据分析较为简单，只需要统计当日成交量、成交额、访客数等信息即可。而线上销售，还需要统计SKU（库存量单位）、SPU（标准产品单位），以及UV（独立访客）、PV（页面访问量）、成交金额、转化率等数据。

2. 累计业绩达成

累计业绩达成包括销售完成率、增长贡献率等。计算每个月、每个季度以及每年的销售完成情况，对销售进度进行把控，与月计划相对比，看看任务的完成度。

3. 发货数据

发货数据包括发货客户数量、发货次数等。很多销售员容易忽略这一点，实际上这也是签单的一部分。它能反映出签单的效率，以及物流、库存、周转率的问题。这对于企业的整体销售进度而言，也是十分重要的。

4. 销售质量

销售质量包括产品结构、区域结构、重点客户等，我们可以通过产品的销量、平均价、客户评分等计算出来。

5. 爆品排名

对一段时期内的商品销售情况进行排名，列出销量TOP10和销售额TOP10，这些可以帮助我们观察市场动态以及消费者的消费习惯，为接下来的销售工作做好准备。

学会销售数据分析

销售员必须学会数据分析，从纷繁复杂的数字中看到市场的趋势，从而对销售策略进行调整。

不懂数据分析，就不是合格的销售

数据分析是销售工作的重点，透过纸面上的数据，我们可以对复杂的销售行为产生一个清晰的认识。传统的销售大多对数据分析没有认识，他们虽然也接触数据，但是仅限于销售量、营收额等很小的范围，透过这些数字，我们只能认识市场的一小部分。要想实现科学决策，销售人员需要依靠更专业的数据分析，学会使用专业的销售管理软件，使销售报告更具实时性、准确性。

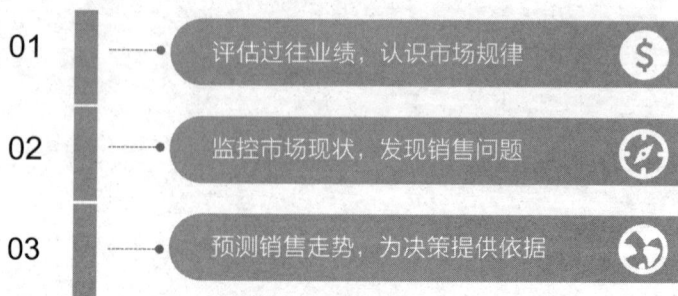

01	评估过往业绩，认识市场规律	$
02	监控市场现状，发现销售问题	
03	预测销售走势，为决策提供依据	

图9-1　数据分析的目的

仅仅凭借经验来制定销售决策，跟拍脑袋做决定没什么区别，必须有一套详尽的销售数据做支撑，才能为决策提供可靠的依据。在数据的支撑下，企业的营销决策也才具备科学性。

销售数据分析方法

在实际工作中，常用的数据分析方法主要有以下几种。

1. 描述性分析

对调查所得的数据资料进行整理，做成报表或图表。这样做出来的销售数据一目了然，我们可以很方便地从中找出市场的变化趋势。例如，天猫"双11"全国各地区购买排行榜。

2. 推断性分析

根据已有的资料，对接下来的销售情况进行推断，或者对市场走向进行预测。

3. 差异比较分析

将性质相近的数据放在一起比较，然后把性质相差较大的数据分开，从而为我们执行差异化的政策提供量化依据。

4. 探索性分析

我们知道销售额会受到多种因素的影响，例如产品价格、推广费用、拜访次数、交谈时长等。我们可以推测这些因素调整之后，销售额会发生什么样的变化。

怎样写销售数据分析报告

整理好了数据之后，我们还要写一份数据分析报告，方便在开会的时候拿出来讲解。写分析报告，就像盖房子一样，首先要有一个好的框架，叙述的时候层次明了，才能让读者一目了然。我们可以通过以下几个步骤进行分析。

1. **整体销售分析**

对年度总体销售情况进行总结，看看销售量、销售额的曲线是否呈现上升趋势。然后分别从季度、月度、大促的角度进行总结，分析产品结构和价格体系是否合理。

2. **区域分析**

对具体的区域销售情况进行分析，包括销量的区域分布、区域单一产品分析等。对于某些表现比较突出的区域，要提出来单独进行分析。

3. **产品线分析**

一个公司可能会有几个主打品牌，这些品牌的产品品种数量各不相同，销量也是千差万别，在分析数据时，很有必要对这些不同的产品线进行分析。

4. **价格体系分析**

产品的销售价格制定是一件非常复杂的事情，它不仅仅是压低零售价那么简单，它需要综合考虑多种因素，包括供价、零售价、会员优惠价、退佣、超销返利等，这些都需要进行分析。

5. **总结**

在分析报告的最后，需要做一个总结，对当前的销售决策进行评价，并且给出一些建议。

强大的数据化管理体系

数据化管理，就是用数据进行企业管理，用数据报表的形式，对企业的相关信息进行记录、查询、汇报、公示及存储。通过数据化管理，可以为销售提供真实有效的决策依据，从而有效提升销售业绩。

为什么要做数据化管理

很多销售员都会遇到这样的情况：业务管理十分混乱，甚至连客户的信息都记错了，导致任务进展很不顺利。这是缺少管理思维的表现。销售是一门与数字打交道的生意，必须有清晰的头脑，学会数据化管理。

使用数据化管理，我们可以对企业的经营情况进行深入的了解，其中就包括销售业绩的增长情况。数据化管理并不是什么高科技，大企业和小企业都可以使用，哪怕是一间小商店，也可以做好数据化管理。例如，我们可以对每一笔订单进行分析，从而得出一些简单的结论：哪个时段的客流量最大？这个月拜访的客户量和上个月相比是否增加？当月成交量是否呈现上涨趋势？

很多公司的销售部架构都是按照"销售总监—大区经理—区域经理—主管—销售"的模式建立的，任务传达必须层层过滤，不仅会导致工作效率下降，销售总监也很难掌握每一个销售员的工作情况。

有了数据化管理，这些问题就可以迎刃而解。数据化管理有这样几个突出特点：明确计量、科学分析、精准定性，因此可以有效提升销售的效率。无论是传统零售还是电子商务，大部分管理工作都可以量化，KPI就是一种最常用的量化管理模式。但是数据分析本身不能带来最大化的业绩或效率，只有将正确的分析结果用最实际的方式应用到业务层面，才能产生效益，也只有这样才能称为数据化管理。

数据化管理的主要内容

按照工作内容的分别，我们可以将数据化管理划分为四个部分：人、货、场、财。

1. 人的管理

人的管理包括各类型客户的数量占比、针对客户的有效拜访量、客户的有效预约量；销售KP（关键人）的累积量等。例如，有一个销售员，在报告中提到他这个月找到的销售KP有10个人，但是一笔订单都没有拿下来，这就说明他的方法是有问题的，他很可能虚报了KP的数量，又或者是没有充分利用KP的作用。

2. 货的管理

货的管理包括：确认客户的交货日期或者公司的最晚交货时间，让生意顺利进行下去；掌握存货信息，方便进行采购任务；掌握公司调货、返货、返厂货品的数据等。了解这些信息，主要是为了让销售员对公司的货物信息有充分的了解和认识，这会让销售员在签单时更有优势。

3. 场的管理

场的管理主要体现在对仓储、物流的追踪以及销售现场的组织和管理方面。

4. 财的管理

财的管理包括货款、退款的管理。例如销售人员收到客户的货款以后，应当及时上交公司，并且记录在系统中；销售部要加强对销售人员的管理，督促资金及时回笼；请客户协助监督办款等。

在实际工作中，由于每家公司所处的发展阶段不同，所以面临的情况也不一样，销售员需要处理的任务也不一样，这时就需要用到不同的数据，应当把这一部分数据的管理放在重要的地位，强化这一部分的管理，补齐公司的短板。

数据时代，做好"小而美"的服务

过去，人们都希望把公司做大做强，然而在数据化时代，越来越多的人开始选择"小而美"的道路模式。很多人认为，企业"小才是美"，特别是在互联网时代，"小而美"的经营模式会有更多的成功机会，企业的发展方向已经呈现出由"大而全"向"小而美"转变的趋向。在这种潮流趋势下，销售员应当坚持提供"小而美"的服务，尽量避免因为打价格战而导致服务品质变差。

"小而美"将会成为一股潮流

在当今社会，人们的主流观点还是更加推崇大公司，希望把公司做到市场占有率第一，实现赢家通吃的局面。但是在互联网和大数据的推动下，只需要很少的资金，就能在网上开起一家小店，这大大降低了营业成本，一时间出现了一股创业潮，甚至涌现出万众创新的局面。

和大企业的经营模式相比，"小而美"的模式具有独特的优势和魅力，例如经营灵活、风险小、效率高等。一家"小而美"的店铺，就可以给人们带来可观的收入。因此，我们需要关注的不应该是企业规模的大小，而是如何成为一家"美"的公司。

马云对"小而美"的经营模式推崇备至，他说："我们觉得企业做超级大，是变态，是不正常，做一般大是一个正常体系，就像人长得比姚明还高，本来就不正常，长得（像）我这样的身材，也偏低了一点，一般一米七几（才是）正常。"因此，阿里巴巴的其中一项任务就是为众多中小型企业提供服务，而"中供铁军"最初正是面向这些企业的，所以我们才会看到"中供铁军"四处跑单。

为了加速推进"小而美"模式，阿里巴巴甚至专门制定了一个"双百万"战略，即全力培养100万家年营业额过100万的网店。

以人为本，做好体验式营销

在互联网时代，我们会发现消费者更加重视体验，而商家也将体验作为自己的独门秘籍。体验式营销就是以人为本的体现，一切从客户的需求出发，从商品的摆放，到商品的介绍、销售的配套服务等，都要从客户的角度出发。

体验式营销需要充分考虑客户的各个方面，包括感官、情感、思考、行动等，在此基础上进行销售方式的设计。

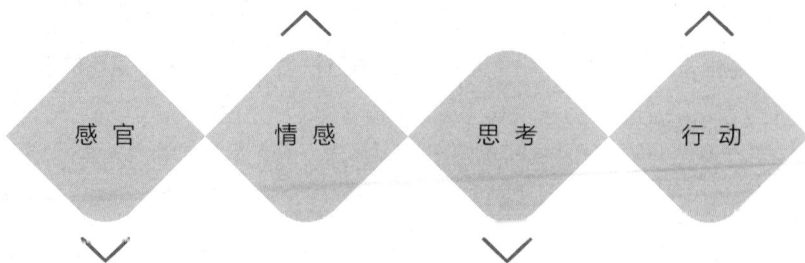

图9-2　充分考虑客户的各个方面

与客户进行深度沟通，发掘出他们真正的需求以及内心的渴望，这样才能获得客户情感上的共鸣。我们需要突破传统的思维方式，抛弃"理性消费者"

的假设，同时考虑消费者的理性和感性因素，关注消费前、消费中、消费后的全过程体验，这才是体验式营销的关键。

"小而美"时代，细节是销售的法宝

阿里巴巴对新时期的零售趋势进行了深入的调查和分析，总结出四大趋势：消费娱乐化、买卖全球一体化、线上线下融合、大数据构建高度个性化的消费场景。要想在同质化严重的大数据时代脱颖而出，必须把销售重心放在细节上。

首先，必须具备专业性。你不一定要成为什么都会的通才，却一定要精通某个门类的知识。"小而美"意味着精致和专业，聚焦于某一个门类，选择优势产品，通过互联网的传播，打造成爆款产品，这就要求销售员也必须具备专业性。

其次，必须具备开放性和包容性，因为你面对的不再仅仅是少数人。譬如，通过手机直播，你可能需要同时面对数万人，在这种情况下做销售，需要兼顾大多数人的感受。

最后，要想在网络时代脱颖而出，就一定要具备辨识度。从店铺的名称，到店铺广告语，再到销售的个人形象、推销方法等，都应该有强烈的辨识度，让人一眼就能够记住。

阿里巴巴的文化和价值观

阿里巴巴的企业文化

阿里巴巴集团的文化关乎维护小企业的利益。我们的数字经济体的所有参与者，包括消费者、商家、第三方服务供应商和其他人士，都享有成长或获益的机会。我们的业务成功和快速增长有赖于我们尊崇企业家精神和创新精神，并且始终如一地关注和满足客户的需求。

我们相信，无论公司成长到哪个阶段，强大的共同价值观都可以让我们维持一贯的企业文化以及我们公司的凝聚力。

阿里巴巴的价值观

阿里巴巴集团的六个价值观对于我们如何经营业务、招揽人才、考核员工以及决定员工报酬扮演着重要的角色，该六个价值观为：

1. 客户第一，员工第二，股东第三

这就是我们的选择，是我们的优先级。只有持续为客户创造价值，员工才能成长，股东才能获得长远利益。

2. 因为信任，所以简单

世界上最宝贵的是信任，最脆弱的也是信任。阿里巴巴成长的历史是建立信任、珍惜信任的历史。你复杂，世界便复杂；你简单，世界也简单。阿里人真实不装，互相信任，没那么多顾虑猜忌，问题就简单了，事情也因此高效。

3. 唯一不变的是变化

无论你变不变化，世界在变，客户在变，竞争环境在变。我们要心怀敬畏和谦卑，避免"看不见、看不起、看不懂、追不上"。改变自己，创造变化，都是最好的变化。拥抱变化是我们最独特的DNA。

4. 今天最好的表现是明天最低的要求

在阿里最困难的时候，正是这样的精神，帮助我们渡过难关，活了下来。逆境时，我们懂得自我激励；顺境时，我们敢于设定具有超越性的目标。面向未来，不进则退，我们仍要敢想敢拼，自我挑战，自我超越。

5. 此时此刻，非我莫属

这是阿里第一个招聘广告，也是阿里第一句土话，是阿里人对使命的相信和"舍我其谁"的担当。

6. 认真生活，快乐工作

工作只是一阵子，生活才是一辈子。工作属于你，而你属于生活，属于家人。像享受生活一样快乐工作，像对待工作一样认真地生活。只有认真对待生活，生活才会公平地对待你。我们每个人都有自己的工作和生活态度，我们尊重每个阿里人的选择。这条价值观的考核，留给生活本身。

阿里"铁军"杰出人物代表简介

1. 马云

阿里巴巴集团主要创始人，1999年创办阿里巴巴，2019年9月10正式卸任阿里董事局主席。

2. 彭蕾

阿里巴巴创始人与合伙人之一，曾出任蚂蚁金服董事长。

3. 戴珊

阿里巴巴创始人与合伙人之一，现为阿里巴巴B2B事业群总裁。

4. 蒋芳

阿里巴巴创始人与合伙人之一，现任阿里巴巴集团（CPO）、张勇的国际业务特别助理兼阿里巴巴集团副首席人力官。

5. 陆兆禧

1999年加入阿里巴巴，曾任中供华南大区总经理，后历任支付宝总裁、淘宝网总裁、阿里巴巴集团CEO、阿里巴巴董事局副主席等。2016年成为阿里巴巴集团荣誉合伙人。

6. 关明生

阿里巴巴原COO，曾出任淘课网董事长。

7. 程维

阿里巴巴原B2B公司区域经理，滴滴出行创始人。

8. 干嘉伟

阿里巴巴原销售副总裁，美团前COO。

9. 吴志祥

阿里巴巴原B2B公司销售，同程旅游联合创始人。

10. 吕广渝

阿里巴巴原B2B公司副总裁，"猩便利"创始人，"孩子学"创始人。

11. 张强

阿里巴巴原中供销售经理，美团网大区经理，去哪儿网总裁，旅悦集团CEO。

12. 冯全林

阿里巴巴原农村淘宝中西部总经理，易到用车COO。

13. 唐万里

阿里巴巴原B2B公司区域经理，回家吃饭创始人。

14. 贺学友

阿里巴巴原B2B公司区域经理，驿知行铁军商学院创始人。

15. 张晖

阿里巴巴原B2B公司大区副总经理，运满满创始人，满帮集团CEO。

16. 叶程坤

阿里巴巴原B2B公司区域经理，荷马金融联合创始人。

17. 王刚

阿里巴巴原B2B公司资深总监，满帮集团董事长兼CEO。

18. 罗炜巍

阿里巴巴原B2B公司区域经理，来一头烤全羊创始人。

19. 王永森

阿里巴巴原B2B公司大政委，闪电购创始人。

20. 俞朝翎

阿里巴巴原B2B中供"铁军"总经理，创业酵母管理咨询有限公司创始人。

阿里"铁军"是一个大家庭，从这里走出了无数位优秀的人才，他们都在各自的岗位上发挥了重要的作用，阿里巴巴的成长离不开他们的贡献。由于篇幅所限，本书仅列举少数人物作为代表。